여러분의 합격을 응원하는
해커스경찰의 특별 혜택!

FREE 경찰헌법 특강

해커스경찰(police.Hackers.com) 접속 후 로그인 ▶ 상단의 [무료강좌 → 경찰 무료강의] 클릭하여 이용

해커스경찰 온라인 단과강의 **20% 할인쿠폰**

EE595886FFFBA9DR

해커스경찰(police.Hackers.com) 접속 후 로그인 ▶ 상단의 [내강의실] 클릭 ▶
[쿠폰/포인트] 클릭 ▶ 쿠폰번호 입력 후 이용

* 등록 후 7일간 사용 가능(ID당 1회에 한해 등록 가능)

경찰 합격예측 온라인 모의고사 응시권 + 해설강의 수강권

E9EB45EF594A39A8

해커스경찰(police.Hackers.com) 접속 후 로그인 ▶ 상단의 [내강의실] 클릭 ▶
[쿠폰/포인트] 클릭 ▶ 쿠폰번호 입력 후 이용

* ID당 1회에 한해 등록 가능

쿠폰 이용 관련 문의 1588-4055

단기 합격을 위한 해커스경찰 커리큘럼

입문
탄탄한 기본기와 핵심 개념 완성!
누구나 이해하기 쉬운 개념 설명과 풍부한 예시로 부담없이 쌩기초 다지기
TIP 베이스가 있다면 **기본 단계**부터!

▼

기본+심화
필수 개념 학습으로 이론 완성!
반드시 알아야 할 기본 개념과 문제풀이 전략을 학습하고
심화 개념 학습으로 고득점을 위한 응용력 다지기

▼

기출+예상 문제풀이
문제풀이로 집중 학습하고 실력 업그레이드!
기출문제의 유형과 출제 의도를 이해하고 최신 출제 경향을 반영한
예상문제를 풀어보며 본인의 취약영역을 파악 및 보완하기

▼

동형문제풀이
동형모의고사로 실전력 강화!
실제 시험과 같은 형태의 실전모의고사를 풀어보며 실전감각 극대화

▼

최종 마무리
시험 직전 실전 시뮬레이션!
각 과목별 시험에 출제되는 내용들을 최종 점검하며 실전 완성

PASS

* 커리큘럼 및 세부 일정은 상이할 수 있으며, 자세한 사항은 해커스경찰 사이트에서 확인하세요.

단계별 교재 확인 및 수강신청은 여기서!

police.Hackers.com

해커스경찰

황남기
경찰헌법

4개년 핵심+최신 판례집 2025 상반기

해커스

황남기

약력

현 | 해커스경찰 헌법 강의
해커스공무원 헌법/행정법 강의

전 | 동국대 법대 겸임교수
외교부 사무관
윌비스 헌법/행정법 대표교수
제27회 외무 고등고시 수석합격
2012년 공무원 승진시험 출제위원
연세대, 성균관대, 한양대, 이화여대, 중앙대, 전남대,
전북대 사법시험 특강

저서

해커스경찰 황남기 경찰헌법 기본서
해커스경찰 황남기 경찰헌법 핵심요약집
해커스경찰 황남기 경찰헌법 Season 1 쟁점별 모의고사
해커스경찰 황남기 경찰헌법 Season 2 진도별 모의고사
해커스경찰 황남기 경찰헌법 Season 3 전범위 모의고사 1차 대비
해커스경찰 황남기 경찰헌법 Season 3 전범위 모의고사 Vol.2 2차 대비
해커스경찰 황남기 경찰헌법 3개년 핵심 + 최신 판례집 2024 상반기
해커스경찰 황남기 경찰헌법 4개년 핵심 + 최신 판례집 2025 상반기
해커스공무원 황남기 헌법 기본서 1권
해커스공무원 황남기 헌법 기본서 2권
해커스공무원 황남기 헌법 진도별 모의고사 기본권편
해커스공무원 황남기 헌법 진도별 모의고사 통치구조론편
해커스공무원 황남기 헌법족보
해커스공무원 황남기 헌법 최신 판례집
해커스공무원 황남기 헌법 기출총정리
해커스공무원 황남기 행정법총론 기본서
해커스공무원 황남기 행정법각론 기본서
황남기 경찰헌법 기출총정리, 멘토링
황남기 행정법총론 기출문제집, 멘토링
황남기 행정법각론 기출문제집, 멘토링

경찰공무원 시험
합격을 위한 필수 판례집!

헌법 최신 판례는 시험에 즉각 반영되는 경향이 강합니다. 보통은 결론을 물어볼 가능성이 큽니다. 그리고 시간이 지날수록 판례의 논리를 물어보는 경향이 높아집니다. 판례가 계속 나오다 보니 기존 판례와 비교를 잘해야 합니다. 유사한 면도 있으나 차이가 나는 면도 있습니다.

물론 판례를 문제화시킨 문제가 있다면 문제로 공부하는 것을 추천합니다. 이 판례도 최근 모의고사에 문제로 반영되어 있으니 문제를 풀어본다면 확실히 시험장에서 문제 풀기가 용이할 겁니다. 최신 판례는 지금 공부했다고 하더라도 회독이 덜 되어 있어 망각 속도가 빠릅니다. 그래서 시험장 가기 전에 반드시 한 번 더 다시 정독하고 암기해야 합니다.

더불어 경찰공무원 시험 전문 해커스경찰(police.Hackers.com)에서 학원강의나 인터넷 동영상강의를 함께 이용하여 꾸준히 수강한다면 학습효과를 극대화할 수 있습니다.

모쪼록 본 판례집이 수험생들의 합격에 큰 도움이 되기를 기원합니다.

2025년 6월
황남기

목차

4개년 핵심 판례(2021년 ~ 2024년)

01	헌법전문	14
02	국적법	14
03	법치주의	15
04	국제법질서	17
05	정당제도	18
06	지방자치제도	19
07	기본권 총론	20
08	인간의 존엄과 가치, 행복추구권	21
	혼인과 가족제도	24
09	평등권	25

10	신체의 자유	30
	죄형법정주의	30
	과잉형벌금지	31
	명확성원칙	32
	영장주의	33
	변호인의 조력을 받을 권리	34
11	사생활의 자유와 개인정보자기결정권	35
12	거주 · 이전의 자유	37
13	통신의 자유	38
14	양심의 자유	39
15	종교의 자유	40
16	학문 · 예술의 자유	41

| 17 | 표현의 자유 | 41 |

　　보호영역과 제한　　　　　　　　41

| 18 | 재산권 | 46 |

　　보호영역　　　　　　　　　　　46
　　헌법 제23조 제3항　　　　　　　46

| 19 | 직업의 자유 | 50 |

| 20 | 선거제도 | 57 |

| 21 | 공무담임권 | 60 |

　　보호영역　　　　　　　　　　　60

| 22 | 청구권 | 62 |

| 23 | 인간다운 생활을 할 권리 | 66 |

| 24 | 교육을 받을 권리 | 67 |

| 25 | 근로의 권리와 근로3권 | 68 |

| 26 | 보건권 | 69 |

| 27 | 환경권 | 69 |

목차

헌법재판소 판례(2024년 7월 ~ 2025년 5월)

01 법치주의

CASE	제목	판례번호	페이지
01	국민체육진흥법 부칙 제3조	2024.8.29. 2023헌바73	72

02 행복추구권

CASE	제목	판례번호	페이지
01	학원의 설립·운영 및 과외교습에 관한 법률	2024.8.29. 2021헌바74	75
02	법원의 제출명령 또는 법관이 발부한 영장에 따른 거래정보등의 제공된 정보를 다른 용도로 사용을 금지한 금융실명거래 및 비밀보장에 관한 법률 제4조 제4항	2025.4.10. 2019헌바519	77
03	승용자동차 및 경형·소형·중형 승합자동차는 왼쪽 차로를 이용하고 대형승합자동차, 화물자동차, 특수자동차, 건설기계, 이륜자동차, 원동기장치자전거는 오른쪽 차로를 이용하도록 한 구 도로교통법 시행규칙 제16조 [별표 9]	2025.4.10. 2020헌마1437	78
04	중대재해가 발생한 경우 사업주에게 중대재해의 내용 등을 고용노동부장관에게 보고하도록 하는 산업안전보건법 제175조	2025.2.27. 2021헌바111	80

03 평등권

CASE	제목	판례번호	페이지
01	정신병원이 한의과 진료과목을 추가 설치·운영할 수 있다고 규정하지 아니한 의료법	2025.1.23. 2021헌마886	81
02	검사의 불기소처분에 대한 항고권자를 고소인·고발인으로 한정한 검찰청법 제10조 제1항 전문이 고소하지 않은 범죄피해자의 평등권을 침해하는지 여부(소극)	2024.7.18. 2021헌마248	82
03	주택법상 주택건축사업에서 가구수가 증가되지 않은 부분에 대해 학교용지부담금 부과에서 제외하지 않은 학교용지 확보 등에 관한 특례법 제5조 제1항 단서	2025.4.10. 2020헌바363	83
04	판결로 확정된 채권의 소멸시효 중단을 위한 재판상의 청구가 있다는 점에 대하여만 확인을 구하는 소송을 제기한 경우 그 소가를 전소 확정 판결에서 인정된 권리 가액의 10분의 1로 정한 '민사소송 등 인지규칙'	2024.8.29. 2021헌마101	85
05	집합금지조치로 인한 손실을 보상하는 규정을 두고 있지 않은 감염병의 예방 및 관리에 관한 법률 제70조 제1항이 실내체육시설을 운영하는 청구인들의 평등권을 침해하는지 여부(소극)	2024.8.29. 2021헌마175	85
06	정부조직법에 따른 각급 행정기관의 근로자가 가구원인 경우 해당 가구의 격리자를 생활지원비 지원제외 대상으로 정한 '코로나바이러스감염증-19 관련 입원·격리자 생활지원비 지원사업 안내 2-5판' 규정이 위 행정기관의 근로자를 가구원으로 둔 청구인의 평등권을 침해하는지 여부(소극)	2024.8.29. 2021헌마450	86
07	농업협동조합법 제49조 제1항 제8호에 규정된 죄와 다른 죄의 경합범에 대하여 분리 선고하도록 규정한 농협법 제49조의2 제1항	2025.1.23. 2021헌바268	87
08	변리사법에 따라 변호사에게 변리사 자격이 인정되는 소속 변호사가 그 자격에 의한 직무를 수행할 수 있을 때에는 그 직무를 법무법인의 업무로 할 수 있도록 한 변호사법 제49조 제2항	2025.1.23. 2022헌바61	87
09	음주운전을 하여 형사 처분을 받은 사람을 퇴직공무원 포상에서 제외하도록 한 2021년 정부포상업무지침	2025.2.27. 2021헌마1414	88

목차

04 신체의 자유

CASE	제목	판례번호	페이지
01	주식회사 등의 외부감사에 관한 법률 제39조 제1항 위헌제청	2024.7.18. 2022헌가6	90
02	공연한 방법으로 상관을 모욕한 사람을 처벌하는 군형법 중 '상관'의 의미가 불명확하여 명확성원칙에 위반되는지 여부(소극)	2024.8.29. 2022헌가7	91
03	'마약류 관리에 관한 법률' 제2조 제3호 가목에 해당하는 향정신성의약품의 수수 취행위를 무기 또는 5년 이상의 징역에 처하는 마약류관리법 제58조 제1항	2024.7.18. 2023헌바375	91
04	형법 제70조 제2항 위헌제청	2025.2.27. 2024헌가8	92
05	'감염병의 예방 및 관리에 관한 법률' 제49조 제1항 제14호에 따라 감염병의심자를 적당한 장소에 일정한 기간 격리시키는 조치(이하 '격리 조치'라 한다)를 위반한 자를 1년 이하의 징역 또는 1천만 원 이하의 벌금에 처한다고 규정된 '감염병의 예방 및 관리에 관한 법률' 제79조의3 제5호 중 '제49조 제1항 제14호에 따른 격리 조치를 위반한 자'에 관한 부분	2025.4.10. 2021헌바329	92
06	코로나 3단계에서 변호인 접견 일반접견실 실시 행위	2025.2.27. 2021헌마368	96

05 개인정보자기결정권

CASE	제목	판례번호	페이지
01	성폭력범죄의 처벌 등에 관한 특례법 제42조 제1항 본문 위헌확인 등	2025.1.23. 2021헌마853・1294(병합)	98

06 표현의 자유

CASE	제목	판례번호	페이지
01	테러단체 가입을 타인에게 선동하는 사람을 처벌하는 테러방지법 제17조	2025.1.23. 2019헌바317	100
02	감염병의 예방 및 관리에 관한 법률 제49조 제1항 제2호 등 위헌소원	2024.8.29. 2022헌바177	101

07 재산권

CASE	제목	판례번호	페이지
01	공무원연금법 시행령 제61조 제8항 위헌확인	2025.1.23. 2021헌마806	103
02	금품비위행위 또는 사기행위로 징계를 받는 자에 대해 징계부가금 부과 대상으로 하는 지방공무원법 제69조	2025.4.10. 2021헌바123	107
03	가축전염병 예방법 제48조 제1항	2025.1.23. 2021헌마1192	108
04	보상금 선순위자	2025.4.10. 2024헌가12	110
05	가처분이 집행된 후 3년간 본안의 소가 제기되지 아니한 때 가처분을 취소할 수 있도록 규정한 민사집행법	2025.2.27. 2021헌바200	112
06	형제자매의 경우 공무원연금수급권을 인정하지 않은 공무원연금법	2024.6.27. 2023헌바307	113
07	도시계획시설결정의 실효	2024.8.29. 2020헌바602	114
08	민간에 의한 도시공원설치	2025.1.23. 2020헌바510	116
09	법정이율	2025.4.10. 2021헌바278	116
10	유족이 되는 자녀의 범위를 '19세 미만인 자녀'와 '대통령령으로 정하는 정도의 장애 상태에 있는 19세 이상인 자녀'로 정하고 있는 군인연금법 제3조 제2항	2025.4.10. 2022헌바167	117
11	개별소비세법 제1조 제3항 제4호 위헌소원	2024.8.29. 2021헌바34	118
12	공익사업시행지구 밖에 있는 토지등에 대한 손실보상의 청구기간을 해당 사업의 공사완료일부터 1년 이내로 제한한 공익사업을 위한 토지 등의 취득 및 보상에 관한 법률 제79조 제3항	2024.6.27. 2020헌바596	119
13	법인이 주택을 취득하는 경우 취득세율을 12%로 규정하고 있는 지방세법	2024.8.29. 2021헌바131	120
14	양도인이 '법인'인 경우에 양수한 자가 조합원 지위를 승계될 수 있도록 하는 예외규정을 두지 않은 도시 및 주거환경정비법	2025.1.23. 2021헌마653	120
15	압류채권자의 일방적인 의사에 따라 사원의 퇴사가 이루어지도록 하는 상법 제224조 제1항과 이를 법무법인에 준용하도록 한 변호사법 제58조 제1항	2025.3.27. 2021헌바4	121
16	이자제한법 제2조 제4항 위헌소원	2025.2.27. 2023헌바143	122
17	육아휴직 급여의 일부인 사후지급금을 육아휴직 종료 후 해당 사업장에 복귀하여 6개월간 계속 근무한 경우에 지급하도록 규정한 구 고용보험법 시행령 제95조	2025.4.10. 2021헌마1362	123

목차

08 직업의 자유

CASE	제목	판례번호	페이지
01	입식제한기간을 14일 미만으로 축소하지 않도록 한 구 '가축전염병 예방법 시행규칙'	2025.1.23. 2021헌마1194	125
02	택시운수종사자 또는 화물운송종사자가 '특정범죄 가중처벌 등에 관한 법률'상 보복범죄를 범하여 금고형의 집행유예 이상의 형을 선고받으면 필요적으로 택시운전자격 및 화물운송자격을 취소하도록 하고, 이에 따라 택시운전자격이 취소되면 개인택시면허 역시 취소할 수 있도록 한 여객자동차 운수사업법 제85조 제1항 제37호 등 위헌소원	2025.3.27. 2021헌바219	126
03	법무사법 제2조 제1항 제7호 위헌확인 등	2024.8.29. 2020헌마839	127
04	강제추행죄로 벌금형이 확정된 체육지도자의 자격을 필요적으로 취소하도록 한 구 국민체육진흥법	2024.8.29. 2023헌가10	129
05	100세대 이상 민간임대주택단지 임대사업자가 증액할 수 있는 임대료 증액 비율의 상한을 법령에서 정하고 있는 산식에 따라 산출된 비율로 정하도록 하고, 그 상한의 최고한도는 5퍼센트를 넘지 않도록 규정하고 있는 '민간임대주택에 관한 특별법 시행령'	2024.7.18. 2020헌마1434	129
06	대형트롤어업의 허가를 할 때 동경 128도 이동수역에서 조업하여서는 아니 된다는 조건을 붙이도록 한 구 '어업의 허가 및 신고 등에 관한 규칙'	2024.7.18. 2021헌마533	130
07	외끌이대형저인망어업의 조업구역을 제한하고 있는 구 수산업법 시행령 제40조 제1항	2024.8.29. 2021헌마146	130
08	의료법을 위반하여 금고 이상의 형을 선고받은 경우 의사면허를 필요적으로 취소하도록 규정한 구 의료법	2024.8.29. 2021헌바419	131
09	보조금수령자가 거짓이나 그 밖의 부정한 방법으로 보조금을 지급받은 사유로 '보조금 관리에 관한 법률' 제33조에 따라 보조금 반환명령을 1회 이상 받은 경우 중앙관서의 장으로 하여금 해당 보조금수령자를 소관 보조사업의 수행 대상에서 배제하도록 한 구 '보조금 관리에 관한 법률' 제31조의2	2025.1.23. 2021헌가35	131
10	제1종 환경영향평가업자가 2022.7.1.부터 1명 이상의 환경영향평가사를 두도록 규정한 환경영향평가법 시행령 제68조 제2항	2025.3.27. 2022헌마914·1179(병합)	132
11	아동·청소년에 대한 위계에 의한 추행죄로 금고 이상의 형의 집행유예를 선고받은 경우 택시운전자격 필요적 취소 사건	2025.5.29. 2024헌바448	132

09 재판청구권

CASE	제목	판례번호	페이지
01	전자문서 등재사실을 통지한 날부터 1주 이내에 확인하지 아니하는 때에는 통지한 날부터 1주가 지난 날에 송달된 것으로 보는 '민사소송 등에서의 전자문서이용 등에 관한 법률'	2024.7.18. 2022헌바4	134
02	기피신청에 대한 결정이 확정되기 전에 기피신청을 당한 법관으로 하여금 소송절차를 정지하지 않고 종국판결을 선고할 수 있도록 하는 민사소송법 제48조	2024.8.29. 2021헌바146	134
03	매각허가결정에 대한 항고가 기각된 경우 공탁물회수청구권 제한	2025.1.23. 2021헌바100	135
04	국민의 형사재판 참여에 관한 법률 제9조 제1항 제3호 위헌소원	2025.2.27. 2023헌바155	135

10 국가배상청구권

CASE	제목	판례번호	페이지
01	순직한 군인의 유족이 다른 법령에 따라 보상을 지급받을 수 있을 때에는 국가에 대하여 손해배상을 청구할 수 없도록 규정한 국가배상법 제2조 제1항 단서	2024.8.29. 2021헌바86, 2023헌바330	137

11 공무담임권

CASE	제목	판례번호	페이지
01	과거 3년 이내의 당원 경력을 법관 임용 결격사유로 정한 법원조직법	2024.7.18. 2021헌마460	138

12 환경권

CASE	제목	판례번호	페이지
01	저탄소 녹색성장 기본법 제42조 제1항 제1호 위헌확인 등	2024.8.29. 2020헌마389	140

해커스경찰
police.Hackers.com

해커스경찰 황남기 경찰헌법 4개년 핵심 + 최신 판례집(2025 상반기)

4개년 핵심 판례
(2021년~2024년)

01 헌법전문

1. 한국인 BC급 전범들의 대일청구권이 '대한민국과 일본국 간의 재산 및 청구권에 관한 문제의 해결과 경제협력에 관한 협정' 제2조 제1항에 의하여 소멸하였는지 여부에 관한 한·일 양국 간 해석상 분쟁을 이 사건 협정 제3조가 정한 절차에 의하여 해결할 피청구인의 작위의무가 인정되지 않는다(2021.8.31. 2014헌마888). *** 위안부, 원폭피해자의 경우 외교협상의무 인정**

2. 행정안전부장관, 법무부장관이 진실규명사건의 피해자 및 그 가족인 청구인들의 피해를 회복하기 위해 국가배상법에 의한 배상이나 형사보상법에 의한 보상과는 별개로 금전적 배상·보상이나 위로금을 지급하여야 할 헌법에서 유래하는 작위의무가 도출된다고 볼 수 없다(2021.9.30. 2016헌마1034).

3. 행정안전부장관이나 경찰청장은 진실규명사건 피해자의 명예를 회복하고 피해자와 가해자 간의 화해를 적극 권유하여야 할 작위의무를 부담한다(2021.9.30. 2016헌마1034).

02 국적법

1. '직계존속이 외국에서 영주할 목적 없이 체류한 상태에서 출생한 자'에 대해서는 병역의무를 해소한 경우에만 대한민국 국적이탈을 신고할 수 있도록 한 국적법은 출생한 사람의 국적이탈의 자유를 제한한다. 다만, 거주·이전의 자유를 규정한 헌법 제14조는 국적이탈의 자유의 근거조항이고 심판대상조항은 출입국 등 거주·이전 그 자체에 어떠한 제한을 가한다고 보기 어려운바, 출입국에 관련하여 거주·이전의 자유가 침해된다는 청구인의 주장에 대해서는 판단하지 아니한다(2023.2.23. 2019헌바462).

2. 직계존속이 외국에서 영주할 목적 없이 체류한 상태에서 출생한 자는 병역의무를 해소한 경우에만 국적이탈을 신고할 수 있도록 하는 구 국적법 제12조 제3항은 명확성원칙에 위배되지 아니한다(2023.2.23. 2019헌바462).

3. 직계존속이 외국에서 영주할 목적 없이 체류한 상태에서 출생한 자는 병역의무를 해소한 경우에만 국적이탈을 신고할 수 있도록 하는 구 국적법은 국적이탈의 자유를 침해하지 아니한다(2023.2.23. 2020헌바603).

03 법치주의

1. 한국전력공사가 전기사용자에게 전기요금을 부과하는 것이 국민의 재산권에 제한을 가하는 행정작용에 해당한다고 볼 수 없고 전기요금의 결정에 관한 내용을 반드시 입법자가 스스로 규율해야 하는 부분이라고 보기 어려우므로 전기판매사업자로 하여금 전기요금에 관한 약관을 작성하여 산업통상자원부장관의 인가를 받도록 한 전기사업법 제16조 제1항은 의회유보원칙에 위반되지 아니한다(2021.4.29. 2017헌가25).

2. 포괄위임금지는 법규적 효력을 가지는 행정입법의 제정을 그 주된 대상으로 하고, 이는 자의적인 제정으로 국민들의 자유와 권리를 침해할 수 있는 가능성을 방지하고자 엄격한 헌법적 기속을 받게 하는 것이다. 법률이 행정부에 속하지 않는 기관의 정관으로 특정 사항을 정할 수 있다고 위임하는 경우에는 자치입법에 해당되는 영역으로 보아 자치적으로 정하도록 하는 것이 바람직하다. 거래소에서 상장규정을 제정할 때 '증권의 상장폐지기준 및 상장폐지에 관한 내용을 포함'하도록 한 '자본시장과 금융투자업에 관한 법률' 제390조 제2항 제2호에는 **포괄위임금지원칙이 원칙적으로 적용되지 않는다** (2021.5.27. 2019헌바332).

3. **상장폐지의 구체적인 내용·절차 등은 탄력적으로 시장의 상황을 반영해야 하는 세부적·기술적 사항으로, 반드시 의회가 정하여야 할 사항이라고 볼 수 없다.** 거래소에서 상장규정을 제정할 때 '증권의 상장폐지기준 및 상장폐지에 관한 내용을 포함'하도록 한 '자본시장과 금융투자업에 관한 법률' 제390조 제2항 제2호는 법률유보원칙에 위반되지 아니한다(2021.5.27. 2019헌바332).

4. 서울특별시장의 정비구역 직권해제 대상에서 상업지역의 도시정비형 재개발사업을 제외한 '서울특별시 도시 및 주거환경정비 조례' 부칙 제23조 제2항은 법률유보원칙에 반하여 청구인들의 재산권을 침해하지 아니한다(2023.3.23. 2019헌마758).

5. 금융위원회위원장이 2019.12.16. 시중 은행을 상대로 투기지역·투기과열지구 내 초고가 아파트(시가 15억원 초과)에 대한 **주택구입용 주택담보대출을 2019.12.17.부터 금지한 조치**는 은행법에 근거를 두고 있으므로 법률유보원칙에 반하여 청구인의 재산권 및 계약의 자유를 침해하지 아니한다(2023.3.23. 2019헌마1399).

6. 보고의무조항은 '비급여 진료비용의 항목, 기준, 금액, 진료내역'을 보고하도록 함으로써 보고의무에 관한 기본적이고 본질적인 사항을 법률에서 직접 정하고 있으므로, '의료기관의 장으로 하여금 보건복지부장관에게 비급여 진료비용에 관한 사항을 보고하도록 한 의료법 제45조의2 제1항 중 '비급여 진료비용'에 관한 부분은 법률유보원칙에 반하여 청구인들의 기본권을 침해하지 아니한다(2023.2.23. 2021헌마93).

7. 단기법무장교 의무복무기간의 기산점이 반드시 입법자가 스스로 정하여야 할 본질적인 사항이라고 보기 어렵다. 단기법무장교의 의무복무기간을 장교에 임용된 날부터 기산하도록 한 군인사법 시행령 제6조 제1항이 법률유보원칙을 위반하여 청구인들의 일반적 행동자유권을 침해한다고 할 수 없다(2024.3.28. 2020헌마1401).

8. 헌법재판소가 성인대상 성범죄자에 대하여 10년 동안 일률적으로 의료기관에의 취업제한 등을 하는 규정에 대하여 위헌결정을 한 뒤, 개정법 시행일 전까지 성인대상 성범죄로 형을 선고받아 그 형이 확정된 사람에 대해서 형의 종류 또는 형량에 따라 기간에 차등을 두어 의료기관에의 취업 등을 제한하는 아동·청소년의 성보호에 관한 법률 부칙 제5조 제1호는 신뢰보호원칙에 위배되지 아니한다(2023.5.25. 2020헌바45).

9. 전시·사변 등 국가비상사태에 있어서 전투에 종사하는 자에 대하여 각령(閣令)이 정하는 바에 의하여 전투근무수당을 지급하도록 한 구 군인보수법 제17조 중 '전시·사변 등 국가비상사태' 부분이 명확성원칙에 위반되지 않는다(2023.8.31. 2020헌바594).

10. 청원주로 하여금 청원경찰이 품위를 손상하는 행위를 한 때에는 대통령령으로 정하는 징계절차를 거쳐 징계처분을 하도록 규정한 청원경찰법은 일반적 행동의 자유를 제한하는 조항이므로 원칙적으로는 제한의 내용을 법률에서 정하여야 한다. 그런데 심판대상조항은 징계의 절차나 효력, 그 밖에 징계에 필요한 사항들에 관하여 이를 대통령령에 위임하고 있고, **징계의 사유와 종류는 청원경찰법에서 직접 정하고 있다.** 따라서 징계의 절차나 효력 등에 관한 사항이 법률에서 직접 정해야 할 징계의 본질적 내용이라면 심판대상조항은 법률유보원칙을 위반하는 것이 된다. 그러나 <u>징계의 절차나 효력 등은 징계기관이나 징계권자가 누구인지에 따라 그 내용이 얼마든지 달라질 수 있는 사항이므로 이를 반드시 법률에서 정해야 할 본질적인 사항이라고 보기는 어렵다. 따라서 심판대상조항은 법률유보원칙에 위배된다고 볼 수 없다</u>(2022.5.26. 2019헌바530).

11. 수신료 징수업무를 지정받은 자가 수신료를 징수하는 때 그 고유업무와 관련된 고지행위와 결합하여 이를 행해서는 안 된다고 규정한 방송법 시행령 제43조 제2항(2024.5.30. 2023헌마820)

   ① <u>수신료의 부과·징수에 관한 본질적인 요소로서 법률에 직접 규정할 사항이 아니므로 이를 법률에서 직접 정하지 않았다고 하여 의회유보원칙에 위반된다고 볼 수 없다.</u>
   ② 심판대상조항은 수신료의 징수를 규정하는 상위법의 시행을 위하여 수신료 납부통지에 관한 절차적 사항을 규정하는 **집행명령이다.**
   ③ 통합징수에 따른 부당한 수신료 징수와 과오납을 방지할 필요성은 있는 반면 수신료 징수금액이 변동되지 않으며, 미납시 추징금과 가산금 징수를 통해 국세체납처분을 통해 강제수단을 마련하고 있어 청구인의 재정적 손실을 줄일 수 있고, 방송광고수입, 프로그램 판매수익, 정부 보조금 등으로 재정을 보충할 수 있으므로 통합징수금지는 공영방송의 기능을 위축시킬 만큼 청구인의 재정적 독립에 영향을 끼친다고 볼 수 없다. 따라서 입법재량의 한계를 일탈하여 청구인의 방송운영의 자유를 침해하지 아니한다.

④ 방송통신위원회 위원장은 수신료 분리 고지·징수를 위해 국민 불편 해소와 권리 보호를 이유로 법제처장과 협의해 입법예고기간을 10일로 단축했으므로 절차상 위법하다고 할 수 없다.

⑤ 심판대상조항으로 수신료 금액이나 범위가 변경되지 않고 징수방법만 분리되므로 신뢰이익 침해는 경미하다. 수신료 납부의무를 명확히 하고 과오납을 방지하는 공익 실현을 고려할 때, 심판대상조항은 신뢰보호원칙에 위배되지 않는다.

반대의견

① 심판대상조항은 수신료 징수업무를 위탁하는 경우 통합징수를 금지하여 청구인의 방송운영의 자유를 제한하므로 상위법령의 위임을 요하는 위임명령에 해당한다. 방송법은 그러한 사항을 하위법령이 정하도록 위임하는 규정도 두고 있지 않다. 통합징수라는 특정의 징수방법을 금지하는 것은 청구인의 방송운영의 자유를 법률의 근거나 위임 없이 제한하는 것으로서 법률유보원칙에 위배된다.

② 입법예고기간이 국민 및 이해관계인이 의견을 제시할 최소한의 기간도 제공하지 않아 사실상 입법예고를 생략한 것과 같으며, 행정절차법 제41조 제1항의 예외사유에도 해당하지 않는다. 또한, 규제영향분석이 이루어지지 않아 헌법상 적법절차원칙에 위배된다.

③ 심판대상조항이 달성하려는 공익은 다른 방식으로도 실현 가능하며, 30여 년간 통합징수제도를 신뢰해 온 청구인이 갑작스러운 분리징수제도로 재정적 불이익과 공영방송의 중립성, 독립성, 지속가능성 훼손 우려를 겪는 것은 매우 중대하므로 신뢰보호원칙에 위배된다.

04 국제법질서

1. 자유권규약을 포함한 국제인권규범으로부터 국가의 입법의무가 도출된다고 볼 수 없다(2024.1.25. 2021헌마703).

2. 국제규약 위반 주장에 대해, 비준동의한 조약은 국내법과 같은 효력을 가질 뿐 헌법재판규범이 되지 않는다(2024.1.25. 2021헌마703).

05 정당제도

1. 지방의원 후원회를 금지한 정치자금법은 평등권을 침해한다(2022.11.24. 2019헌마528).

2. 정당의 시·도당은 1천인 이상의 당원을 가져야 한다고 규정한 정당법 제18조 제1항이 과잉금지원칙을 위반하여 각 시·도당창당준비위원회의 대표자인 청구인들의 정당의 자유를 침해한다고 할 수 없다(2022.11.24. 2019헌마445).

3. 국회의원에 대해서는 상시 후원회를 통하여 정치자금을 모금할 수 있도록 한 반면, 국회의원이 아닌 원외 당협위원장 또는 국회의원선거를 준비하는 자 등을 후원회지정권자에서 제외하여 정치자금을 모금할 수 없도록 하고 이를 위반하면 처벌하는 것이 평등원칙에 위배되지 않는다(2023.10.26. 2020헌바402).

4. 일반직 공무원의 후원회가입을 금지하는 정치자금법 제8조 제1항이 정치활동의 자유 내지 정치적 의사표현의 자유를 침해한다고 할 수 없다(2022.10.27. 2019헌마1271).

5. 정당등록제도는 정당제도의 법적 안정성과 확실성을 확보하기 위하여 정당임을 자처하는 정치적 결사가 일정한 법률상의 요건을 갖추어 관할 행정기관에 등록을 신청하고, 이 요건이 충족된 경우 정당등록부에 등록하여 비로소 그 결사가 **정당임을 법적으로 확인시켜 주는 제도이다.** 정당법에 명시된 요건이 아닌 다른 사유로 정당등록신청을 거부하는 등으로 정당설립의 자유를 제한할 수 없다(2023.2.23. 2020헌마275).

6. 정당은 수도에 소재하는 중앙당과 5 이상의 특별시·광역시·도에 각각 소재하는 시·도당을 갖추어야 한다고 정한 정당법은 정당의 자유를 침해한다고 볼 수 없다(2023.9.26. 2021헌가23).

7. 정치자금법에 정하지 않은 방법으로 정치자금을 기부받는 것을 금지하는 조항이 과잉금지원칙에 위배되어 정치인에게 기부하는 자의 정치활동 내지 정치적 표현의 자유를 침해한다고 할 수 없다(2023.10.26. 2020헌바402).

8. 대체복무요원의 정당가입을 금지하는 대체역법은 정당가입의 자유를 침해하지 아니한다(2024.5.30. 2022헌마1146).

06 지방자치제도

1. 헌법 제117조 제1항은 "지방자치단체는 주민의 복리에 대한 사무를 처리하고 재산을 관리하며, 법령의 범위 안에서 자치에 관한 규정을 제정할 수 있다."고 규정하여 지방자치단체의 자치권을 보장한다. 지방자치단체의 자치권은 자치입법권·자치행정권·자치재정권으로 나눌 수 있다(2021.3.25. 2018헌바348). *** 자치사법권은 자치권에 속하지 않음**

2. 자치재정권은 지방자치단체가 법령의 범위 내에서 국가의 지시를 받지 않고 자기 책임하에 수입과 지출을 운영할 수 있는 권한이다. 자치재정권 중 자치수입권은 지방자치단체가 법령의 범위 내에서 자기 책임하에 그에 허용된 수입원으로부터 수입정책을 결정할 수 있는 권한인데, 여기에는 지방세, 분담금 등을 부과·징수할 수 있는 권한이 포함된다(2021.3.25. 2018헌바348).

3. 광역지방자치단체가 기초지방자치단체의 자치사무에 대하여 실시하는 감사 중 연간 감사계획에 포함되지 아니하고 사전조사도 수행되지 아니한 감사의 경우 **감사대상의 사전통보가 감사의 개시요건인 것은 아니다**(2023.3.23. 2020헌라5).

4. 지방자치단체의 자치사무에 대한 무분별한 감사권의 행사는 헌법상 보장된 지방자치권을 침해할 가능성이 크므로, 원칙적으로 감사 과정에서 사전에 감사대상으로 특정되지 아니한 사항에 관하여 위법사실이 발견되었다고 하더라도 감사대상을 확장하거나 추가하는 것은 허용되지 않는다. 다만, 자치사무의 합법성 통제라는 감사의 목적이나 감사의 효율성 측면을 고려할 때, 당초 특정된 감사대상과 **관련성이 인정되는 것**으로서 당해 절차에서 함께 감사를 진행하더라도 감사대상 지방자치단체가 **절차적인 불이익을 받을 우려가 없고**, 해당 감사대상을 적발하기 위한 목적으로 감사가 진행된 것으로 볼 수 없는 사항에 대하여는 감사대상의 확장 내지 추가가 허용된다(2023.3.23. 2020헌라5).

5. 구 지방자치법 제171조 제2항은 감사 전 법령 위반 여부를 확인해야 하지만 **감사 개시 전 엄격한 위법성 확인은 필요하지 않다.** 합리적 의심이 가능한 경우 감사 착수를 인정되므로 시·도지사가 제보나 언론보도를 통해 합리적 의심이 가능한 경우 감사 개시는 타당하다(2023.3.23. 2020헌라5).

6. **매립지를 귀속시키는 기준을 규정하지 않고 행정안전부장관이 매립지가 귀속되는 지방자치단체를 결정하도록 한 지방자치법(2024.3.28. 2021헌바57)**

    ① 행정자치부장관의 결정이 확정됨으로써 비로소 관할 지방자치단체가 정해지며, 그전까지 해당 매립지는 어느 지방자치단체에도 속하지 않는다. 그렇다면 **매립지의 매립 전 공유수면에 대한 관할권을 가졌을 뿐인 지방자치단체가 새로이 형성된 매립지에 대해서까지 어떠한 권한을 보유하고 있다고 볼 수 없다.**

② 지방의회의 의견을 듣거나 주민투표를 거치는 절차를 규정하지 아니하고, 행정자치부장관으로 하여금 공유수면 매립지의 관할 지방자치단체를 결정하도록 한 것이 지방자치단체의 지방자치권을 침해한다고 볼 수 없다.
③ 헌법상 지방자치단체의 지방자치권 역시 국가 통치조직의 분배와 작용에 관한 것으로서 국가권력의 일부분을 담당하는 권한인 이상 **지방자치단체의 조직과 자치기능 및 자치사무의 자율성에 관한 기본적이고 본질적 사항**은 법률에서 직접 규정하여야 한다.
④ 행정자치부장관이 **공유수면 매립지가 속할 지방자치단체를 결정할 때 적용할 실질적 기준이 필요하다고 하여도** 그러한 기준이 지방자치단체의 자치사무와 본질적으로 관련이 있어 반드시 법률에 규정되어야 한다고 볼 수 없다.

07 기본권 총론

1. 재개발조합이 공법인의 지위에서 행정처분의 주체가 되는 경우에 있어서는, 위 조합은 재개발사업에 관한 국가의 기능을 대신하여 수행하는 공권력 행사자 내지 기본권 수범자의 지위에 있다. 따라서 **재개발조합이 기본권의 수범자로 기능하면서 행정심판의 피청구인이 된 경우**에 적용되는 심판대상조항의 위헌성을 다투는 이 사건에 있어, 재개발조합인 청구인은 기본권의 주체가 된다고 볼 수 없다(2022.7.21. 2019헌바543). ***지방자치단체의 장이나 서울대학교가 행정심판의 피청구인인 경우 기본권 주체가 되지 않는다.**

2. 6·25 전쟁 중(1950년 6월 25일부터 1953년 7월 27일 군사정전에 관한 협정 체결 전까지를 말한다) 본인의 의사에 반하여 북한에 의하여 강제로 납북된 자 및 그 가족에 대한 **보상입법을 마련할 입법의무**가 직접적으로 도출된다고 보기 어렵다(2022.8.31. 2019헌마1331).

08 인간의 존엄과 가치, 행복추구권

침해인 것

1. 누구든지 금융회사등에 종사하는 자에게 타인의 금융거래의 내용에 관한 정보 또는 자료를 요구하는 것을 금지하고, 이를 위반시 **형사처벌**하는 구 '금융실명거래 및 비밀보장에 관한 법률' 제4조 제1항은 과잉금지원칙에 반하여 일반적 행동자유권을 침해하므로 헌법에 위반된다(2022.2.24. 2020헌가5). *** 알권리 제한은 아님**

2. 사람은 출생으로 권리·의무의 주체가 될 수 있는 능력을 취득한다. 출생신고는 사람의 출생과 관련된 사실을 공적 장부인 가족관계등록부에 기록할 것을 요구하는 행위로 출생등록은 기본적으로 출생자가 사람으로서 권리·의무의 주체가 되는 능력을 취득하였음을 대외적으로 공시하는 기능을 담당한다. 태어난 즉시 '출생등록될 권리'는 헌법 제10조의 인간의 존엄과 가치 및 행복추구권으로부터 도출되는 일반적 인격권을 실현하기 위한 기본적인 전제로서 헌법 제10조뿐만 아니라, 헌법 제34조 제1항의 인간다운 생활을 할 권리, 헌법 제36조 제1항의 가족생활의 보장, 헌법 제34조 제4항의 국가의 청소년복지향상을 위한 정책실시의무 등에도 근거가 있다. 이와 같은 태어난 즉시 '출생등록될 권리'는 앞서 언급한 기본권 등의 어느 하나에 완전히 포섭되지 않으며, 이들을 이념적 기초로 하는 헌법에 명시되지 아니한 독자적 기본권으로서, 자유로운 인격실현을 보장하는 자유권적 성격과 아동의 건강한 성장과 발달을 보장하는 사회적 기본권의 성격을 함께 지닌다. 혼인 중 여자와 남편 아닌 남자 사이에서 출생한 자녀에 대한 생부의 출생신고를 허용하도록 규정하지 아니한 '가족관계의 등록 등에 관한 법률' 제46조 제2항은 **혼인 외 출생자인 청구인들의 태어난 즉시 '출생등록될 권리'를 침해**한다(2023.3.23. 2021헌마975). *** 생부의 권리 침해 아님**

3. 임신 32주 이전에 태아의 성별 고지를 금지하는 의료법 제20조 제2항(2024.2.28. 2022헌마356)

   *** 단순위헌결정**

   ① 태아의 성별 정보에 대한 접근을 국가로부터 방해받지 않을 부모의 권리는 이와 같은 일반적 인격권에 의하여 보호된다고 보아야 할 것이다. 따라서 심판대상조항은 일반적 인격권으로부터 나오는 부모가 태아의 성별 정보에 대한 접근을 방해받지 않을 권리를 제한하고 있다.
   ② 낙태를 방지함으로써 태아의 생명 보호라는 목적의 정당성을 수긍할 수 있다.
   ③ 성별 고지와 낙태 간의 명확한 인과관계 없이 부모에게 태아 성별 정보를 금지하는 것으로, 이는 효과적이지 않고 불합리하다. 심판대상조항은 태아 생명 보호라는 입법목적을 달성하기 위한 수단으로 적합하지 않으며, 침해의 최소성에 반한다.

침해가 아닌 것

1. 물품을 반송하려면 세관장에게 신고하도록 하는 관세법 제241조 제1항 중 '반송'에 관한 과잉금지원칙에 반하여 환승 여행객의 일반적 행동자유권을 침해한다고 할 수 없다(2023.6.29. 2020헌바177).

2. 도로교통법 제44조 제1항을 위반하여 자동차를 운전한 사람이 다시 음주운전 금지규정을 위반하여 자동차를 운전해서 운전면허 정지사유에 해당된 경우 필요적으로 그의 운전면허를 취소하도록 하는 구 도로교통법 제93조 제1항이 과잉금지원칙에 위반된다고 할 수 없다(2023.6.29. 2020헌바182).

3. '교통의 안전과 위험방지를 위하여 필요하다고 인정하는 경우' 음주측정을 요구할 수 있도록 한 구 도로교통법 제44조 제2항은 과잉금지원칙에 반하여 일반적 행동자유권을 침해하지 아니한다(2023.10.26. 2019헌바91).

4. 분할복무를 신청하여 복무중단 중인 사회복무요원이 자유롭게 영리행위를 할 수 있는 것과 달리 대학에서의 수학행위를 할 수 없게 한 병역법은 인격발현권을 침해하지 않는다(2021.6.24. 2018헌마526).

5. 자동차 운전 중 휴대용 전화를 사용하는 것을 금지하고 위반시 처벌하는 구 도로교통법은 <u>일반적 행동자유권을 제한하나 침해하지는 않는다</u>(2021.6.24. 2019헌바5).

6. 정당한 사유 없는 예비군 훈련 불참을 형사처벌하는 예비군법은 <u>예비군대원의 일반적 행동자유권을 제한하나</u> 침해한다고 할 수 없다(2021.5.27. 2019헌마321).

7. 청원주로 하여금 청원경찰이 품위를 손상하는 행위를 한 때에는 대통령령으로 정하는 징계절차를 거쳐 징계처분을 하도록 규정한 청원경찰법 제5조의2 제1항 제2호가 명확성원칙 및 과잉금지원칙에 위배한다고 보기도 어렵다(2022.5.26. 2019헌바530).

8. <u>이동통신사업자</u>가 제공하는 전기통신역무를 타인의 통신용으로 제공하는 것을 원칙적으로 금지하고, 위반시 형사처벌하는 전기통신사업법은 <u>이동통신서비스 이용자의 일반적 행동자유권을 제한한다. 이용자와 타인 간의 의사소통과정의 비밀을 제한한다거나 이용자의 발언내용을 제한한다고 보기 어렵다.</u> 이용자의 일반적 행동자유권을 침해하지 아니한다 (2022.6.30. 2019헌가14). * 전기통신사업자가 제공한 역무를 이용한 통신매개금지는 명확성원칙 위반이었음

9. 지급정지가 이루어진 사기이용계좌 명의인의 전자금융거래를 제한하는 구 '전기통신금융사기 피해방지 및 피해금 환급에 관한 특별법'은 청구인의 일반적 행동자유권을 침해하지 아니한다(2022.6.30. 2019헌마579). * 재산권 제한은 아님

10. 전기통신금융사기의 피해자가 피해구제 신청을 하는 경우 피해자의 자금이 송금·이체된 계좌 및 해당 계좌로부터 자금의 이전에 이용된 계좌를 지급정지하는 '전기통신금융사기 피해방지 및 피해금 환급에 관한 특별법' 제4조 제1항 제1호는 청구인의 재산권을 침해하지 아니한다(2022.6.30. 2019헌마579). **재산권 제한임**

11. 못된 장난 등으로 다른 사람, 단체 또는 공무수행 중인 자의 업무를 방해한 사람을 20만원 이하의 벌금, 구류 또는 과료로 처벌하는 경범죄 처벌법은 <u>의사표현을 직접 제한하는 조항이 아니고 위에서 본 바와 같이 심판대상조항에 의하여 주로 제한되는 기본권은 일반적 행동자유권이라고 할 것이다.</u> 죄형법정주의 명확성원칙을 위반하여 청구인의 일반적 행동자유권을 침해하지 않는다(2022.11.24. 2021헌마426).

12. 가해학생에 대한 조치로 피해학생에 대한 서면사과를 규정한 학교폭력예방법이 가해학생의 양심의 자유와 인격권을 침해한다고 보기 어렵다(2023.2.23. 2019헌바93). **학교폭력예방법은 위헌 없음**

13. 가해학생에 대한 조치로 학급교체를 규정한 구 학교폭력예방법이 가해학생의 일반적 행동자유권을 과도하게 침해한다고 보기 어렵다(2023.2.23. 2019헌바93).

14. 학부모대표가 전체위원의 과반수를 구성하고 있는 자치위원회에서 일정한 요건을 갖춘 경우 반드시 회의를 소집하여 가해학생에 대한 조치의 내용을 결정하게 하고 학교의 장이 이에 구속되도록 규정한 구 학교폭력예방법 제13조 제1항·제2항, 제17조 제1항·제6항이 과잉금지원칙을 위반하여 가해학생의 양심의 자유, 인격권 및 일반적 행동자유권을 침해한다고 보기 어렵다(2023.2.23. 2019헌바93).

15. 금융위원회위원장이 2019.12.16. 시중 은행을 상대로 투기지역·투기과열지구 내 초고가 아파트(시가 15억 원 초과)에 대한 주택구입용 주택담보대출을 2019.12.17.부터 금지한 조치는 과잉금지원칙에 반하여 청구인의 재산권 및 계약의 자유를 침해하지 아니한다(2023.3.23. 2019헌마1399).

16. 항문성교나 그 밖의 추행을 한 사람은 2년 이하의 징역에 처하도록 한 군형법 제92조의6은 <u>**동성 간의 성적 행위에만 적용된다고 할 것이므로**</u> 죄형법정주의의 명확성원칙에 위배되지 아니한다. 항문성교나 그 밖의 추행을 한 사람은 2년 이하의 징역에 처하도록 한 군형법이 과잉금지원칙에 위배되어 군인의 성적 자기결정권 또는 사생활의 비밀과 자유를 침해한다고 볼 수 없다(2023.10.26. 2017헌가16).

17. 단기법무장교의 의무복무기간을 장교에 임용된 날부터 기산하도록 한 군인사법 시행령이 과잉금지원칙을 위반하여 청구인들의 일반적 행동자유권을 침해하지 않는다(2024.3.28. 2020헌마1401).

혼인과 가족제도

1. 입양신고시 신고사건 본인이 시·읍·면에 출석하지 아니하는 경우에는 신고사건 본인의 신분증명서를 제시하도록 한 '가족관계의 등록 등에 관한 법률'이 입법형성권의 한계를 넘어서서 입양당사자의 가족생활의 자유를 침해한다고 보기 어렵다(2022.11.24. 2019헌바108). *** 입양과 양자 위헌 없음**

2. 8촌 이내의 혈족 사이에서는 혼인할 수 없도록 하는 민법 제809조 제1항(이하 '이 사건 금혼조항'이라 한다)은 혼인의 자유를 침해를 침해하지 않는다(2022.10.27. 2018헌바115).

3. 금혼조항에 위반한 경우 혼인을 무효로 하는 것은 혼인의 자유를 침해한다(2022.10.27. 2018헌바115).

4. 개정 전 공직자윤리법 조항에 따라 이미 배우자의 직계존·비속의 재산을 등록한 **혼인한 여성 등록의무자는** 종전과 동일하게 계속해서 배우자의 직계존·비속의 재산을 등록하도록 규정한 공직자윤리법 부칙은 평등권을 침해한다(2021.9.30. 2019헌가3). *** 비례원칙이 적용되었고 목적의 정당성이 없었음**

5. '혼인 중 여자와 남편 아닌 남자 사이에서 출생한 자녀에 대한 생부의 출생신고'를 허용하도록 규정하지 아니한 '가족관계의 등록 등에 관한 법률' 제46조 제2항은 생부인 청구인들의 평등권을 침해하지 않는다(2023.3.23. 2021헌마975). *** 가족생활을 형성할 자유 제한 아님**

> **반대의견**
>
> 심판대상조항들은 정확한 신분관계의 공시를 통해 사회혼란을 방지하고, 민법상 친생추정제도와 모순되는 출생신고를 방지하는 공익을 달성하고자 한다. 그러나 민법상 친생추정을 받는 생모와 그 남편의 혼인 외 출생자에 대한 출생신고가 담보될 수 없을 때, 생부의 출생신고를 허용해 혼인 외 출생자를 보호하는 것이 가능하다면, 심판대상조항들의 공익은 훼손되지 않는다. 따라서 이러한 상황에서는 가족생활의 자유를 보장하는 것이 더 중요하며, 심판대상조항들은 과잉금지원칙을 위배하여 생부인 청구인들의 가족생활의 자유를 침해한다고 볼 수 있다.

6. 가족관계등록부의 재작성 신청을 혼인무효사유가 한쪽 당사자나 제3자의 범죄행위로 인한 경우로 한정한 '가족관계등록부의 재작성에 관한 사무처리지침'은 **혼인과 가족생활을 스스로 결정하고 형성할 수 있는 자유를 제한하고 있다고 볼 수 없다**(2024.1.25. 2020헌마65).

09 평등권

침해인 것

1. 65세 미만의 경우 치매·뇌혈관성질환 등 대통령령으로 정하는 **노인성 질병을 가진 자에 한해 장애인 활동지원급여 신청자격을 인정하고 있는** 장애인활동 지원에 관한 법률은 평등권을 침해한다(2020.12.23. 2017헌가22).

2. 특별교통수단에 있어 **표준휠체어만을 기준으로 휠체어 고정설비의 안전기준을 정하고 있는** '교통약자의 이동편의 증진법 시행규칙' 제6조 제3항 별표 1의2가 합리적 이유 없이 표준휠체어를 이용할 수 있는 장애인과 표준휠체어를 이용할 수 없는 장애인을 달리 취급하여 청구인의 평등권을 침해한다(2023.5.25. 2019헌마1234).

3. 근로자가 사망할 당시 그 근로자와 생계를 같이하고 있던 유족 중 '대한민국 국민인 유족' 및 '국내거주 외국인유족'은 퇴직공제금을 지급받을 유족의 범위에 포함하면서 청구인과 같은 **'외국거주 외국인유족'을 그 범위에서 제외하는** 구 건설근로자의 고용개선 등에 관한 법률 제14조 제2항은 평등원칙에 위반된다(2023.3.23. 2020헌바471).

4. 국가를 상대로 하는 당사자소송의 경우에는 **가집행선고를 할 수 없다**고 규정한 행정소송법 제43조는 평등원칙에 반한다(2022.2.24. 2020헌가12).

5. 내국인등과 달리 외국인의 경우 보험료를 체납한 경우에는 **다음 달부터 곧바로 보험급여**를 제한하는 국민건강보험법 제109조 제10항은 청구인들의 평등권을 침해한다(2023.9.26. 2019헌마1165).

6. 6·25전몰군경자녀에게 6·25전몰군경자녀수당을 지급하면서 그 수급권자를 6·25전몰군경자녀 중 1명에 한정하고, **나이가 많은 자를 우선하도록** 정한 구 '국가유공자 등 예우 및 지원에 관한 법률' 제16조의3 제1항 본문 중 '자녀 중 1명'에 한정하여 6·25전몰군경자녀수당을 지급하도록 한 부분이 나이가 적은 6·25전몰군경자녀의 평등권을 침해한다(2021.3.25. 2018헌가6).

7. 영주권자 및 결혼이민자만을 긴급재난지원금 지급대상에 포함시키고 난민인정자를 제외한 관계부처합동 '긴급재난지원금 가구구성 및 이의신청 처리기준'은 합리적 이유 없는 차별로, 이는 청구인의 평등권을 침해한다(2024.3.28. 2020헌마1079).

8. 헌법불합치결정에 따라 실질적인 혼인관계가 존재하지 아니한 기간을 제외하고 분할연금을 산정하도록 개정된 국민연금법 조항을 개정법 시행 후 최초로 분할연금 지급사유가 발생한 경우부터 적용하도록 하는 국민연금법 부칙은 평등원칙에 위배된다(2024.5.30. 2019헌가29).

9. 국립대학교 법학전문대학원 입시에서 제칠일안식일예수재림교 신자가 종교적 신념을 이유로 불이익을 받는 경우, 국립대학교 총장은 비례의 원칙에 따라 이러한 불이익을 해소하기 위한 적극적인 조치를 취할 의무가 있으며, 이를 해소하지 않고 면접일시 변경을 거부한 총장의 행위는 헌법상 평등원칙을 위반한 것으로 위법하고, 이로 인해 발생한 불합격처분은 취소되어야 한다(대판 2024.4.4. 2022두56661).

침해가 아닌 것

1. 1945년 8월 15일 이후에 사망한 독립유공자의 유족으로 최초로 등록할 당시 자녀까지 모두 사망하거나 생존 자녀가 보상금을 지급받지 못하고 사망한 경우 손자녀 1명에게만 보상금을 지급하는 것은 청구인의 평등권을 침해하지 아니한다(2022.1.27. 2020헌마594).

2. 독립유공자의 유족 중 자녀의 범위에서 사후양자를 제외하는 '독립유공자예우에 관한 법률' 제5조 제3항 본문은 평등원칙에 위반되지 않는다(2021.5.27. 2018헌바277).

3. 1945년 8월 15일 이후에 독립유공자에게 입양된 양자의 경우 독립유공자, 그의 배우자 또는 직계존비속을 부양한 사실이 있는 자만 유족 중 자녀에 포함시키고 있는 '독립유공자예우에 관한 법률' 제5조 제3항 단서가 평등원칙에 위반된다고 볼 수 없다(2021.5.27. 2018헌바277).

4. 1945년 8월 15일 이후에 사망한 독립유공자의 유족으로 최초로 등록할 당시 자녀까지 모두 사망하거나 생존 자녀가 보상금을 지급받지 못하고 사망한 경우에 한하여 독립유공자의 손자녀 1명에게 보상금을 지급하도록 하는 '독립유공자예우에 관한 법률' 제12조 제2항 제2호는 독립유공자의 사망시기를 기준으로 보상금 지급을 달리하여 청구인의 평등권을 침해하지 않는다(2022.1.27. 2020헌마594).

5. 임대의무기간이 10년인 공공건설임대주택의 분양전환가격을 임대의무기간이 5년인 공공건설임대주택의 분양전환가격과 다른 기준에 따라 산정하도록 하는 구 임대주택법 시행규칙 제14조 중 제9조 제1항 [별표 1] 제1호 가목을 준용하는 부분이 10년 임대주택에 거주하는 임차인의 평등권을 침해하지 아니한다(2021.4.29. 2019헌마202).

6. 전용면적 85제곱미터를 초과하는 공공건설임대주택은 전용면적 85제곱미터 이하의 공공건설임대주택과 달리 분양전환가격 산정기준 적용 대상에서 제외하는 공공주택 특별법 시행령 제56조 제7항 중 '전용면적 85제곱미터를 초과하는 경우는 제외한다' 부분이 중·대형임대주택에 거주하는 임차인의 평등권을 침해하지 아니한다(2021.4.29. 2020헌마923).

7. '공익신고자 보호법'상 보상금의 지급을 신청할 수 있는 자의 범위를 '내부 공익신고자'로 한정함으로써 '외부 공익신고자'를 보상금 지급대상에서 배제하도록 정한, '공익신고자 보호법' 제26조 제1항 중 '내부 공익신고자' 부분이 평등원칙에 위배된다고 볼 수 없다(2021.5.27. 2018헌바127).

8. 본인이 18세 이후 통틀어 3년을 초과하여 국내에 체재한 경우 1993.12.31. 이전에 출생한 사람들에 대한 예외를 두지 않고 재외국민 2세의 지위를 상실할 수 있도록 규정한 병역법 시행령 제128조 제7항 제2호는 청구인들의 평등권을 침해하지 아니한다(2021.5.27. 2019헌마177).

9. 4·19혁명공로자에게 지급되는 보훈급여의 종류를 보상금이 아닌 수당으로 규정한 국가유공자법 제16조의4 제1항 및 2019년도 공로수당의 지급월액을 31만 1천원으로 규정한 같은 법 시행령 제27조의4가 각각 보상금으로 월 172만 4천원을 받는 건국포장 수훈 애국지사에 비하여 4·19혁명공로자를 합리적 이유 없이 차별 취급하여 평등권을 침해한다고 할 수 없다(2022.2.24. 2019헌마883).

10. 국공립어린이집, 사회복지법인어린이집, 법인·단체등어린이집 등과 달리 민간어린이집에는 보육교직원 인건비를 지원하지 않는 '2020년도 보육사업안내'는 평등권을 침해하였다고 볼 수 없다(2022.2.24. 2020헌마177).

11. '정보통신망 이용촉진 및 정보보호 등에 관한 법률' 제70조 제2항의 명예훼손죄를 반의사불벌죄로 정하고 있는 정보통신망법 제70조 제3항 중 제2항에 관한 부분은 형벌체계상 균형을 상실하여 평등원칙에 위반되지 아니한다(2021.4.29. 2018헌바113).

12. 경유를 연료로 사용하는 자동차의 소유자로부터 환경개선부담금을 부과·징수하도록 정한 환경개선비용 부담법 제9조 제1항은 경유차 소유자를 휘발유를 연료로 사용하는 자동차의 소유자에 비해 차별하여 평등원칙에 위반되지 아니한다(2022.6.30. 2019헌바440).

13. 현역병, 지원에 의하지 아니하고 임용된 부사관, 방위, 상근예비역, 보충역 등의 복무기간과는 달리 사관생도의 사관학교 교육기간을 연금 산정의 기초가 되는 군 복무기간으로 산입할 수 있도록 규정하지 아니한 구 군인연금법 제16조 제5항이 청구인들의 평등권을 침해한다고 볼 수 없다(2022.6.30. 2019헌마150).

14. '가구 내 고용활동'에 대해서는 근로자퇴직급여 보장법을 적용하지 않도록 규정한 근로자퇴직급여 보장법 제3조 단서는 <u>재산권</u> 제한 문제는 발생하지 않고 **헌법 제32조 제4항 위반문제도 아니고** 평등권 문제이다. 평등원칙에 위배되지 아니한다(2022.10.27. 2019헌바454).

15. 근로자의 날을 관공서의 공휴일에 포함시키지 않은 '관공서의 공휴일에 관한 규정' 제2조 본문이 공무원인 청구인들의 평등권을 침해한다고 볼 수 없다(2022.8.31. 2020헌마1025).

16. 주택재개발조합이 행정심판의 피청구인이 된 경우 그 인용재결에 기속되도록 규정한, 행정심판법 제49조 제1항은 평등원칙에 반하지 않는다(2022.7.21. 2019헌바543). **행정심판법 위헌 없음*

17. 공무원이 지위를 이용하여 범한 공직선거법위반죄의 경우 일반인이 범한 공직선거법위반죄와 달리 공소시효를 10년으로 정한 공직선거법 제268조 제3항은 평등원칙에 위배된다고 할 수 없다(2022.8.31. 2018헌바440).

18. 영화업자가 영화근로자와 계약을 체결할 때 근로시간을 구체적으로 밝히도록 하고 위반시 처벌하는 영화 및 비디오물의 진흥에 관한 법률 제3조는 평등권을 침해하지 않는다(2022.11.24. 2018헌바514).

19. 국립묘지 안장 대상자의 사망 당시의 배우자가 재혼한 경우에는 국립묘지에 안장된 안장 대상자와 합장할 수 없도록 규정한 '국립묘지의 설치 및 운영에 관한 법률' 제5조 제3항 본문 제1호 단서는 평등원칙에 위배되지 않는다(2022.11.24. 2020헌바463).

20. 가정폭력 가해자에 대해 피해자 또는 가정구성원에 대한 '전기통신사업법' 제2조 제1호의 전기통신을 이용한 접근금지만 규정하여 우편을 이용한 접근금지를 피해자보호명령에 포함시키지 아니한 구 '가정폭력범죄의 처벌 등에 관한 특례법'은 평등원칙에 위반된다고 보기 어렵다(2023.2.23. 2019헌바43).

21. 폭력범죄를 목적으로 한 단체 또는 집단의 구성원으로 활동한 사람을 2년 이상의 유기징역으로 처벌하도록 한 구 '폭력행위 등 처벌에 관한 법률'이 형벌체계상의 균형을 상실하여 평등원칙에 위배된다고 볼 수 없다(2022.12.22. 2019헌바401).

22. 추천위원회의 직원위원 수를 4인으로 정한 '부경대학교 총장임용후보자 선정 및 추천에 관한 규정' 제4조 제1항 제2호가 부경대학교 직원인 청구인들의 평등권을 침해한다고 할 수 없다(2023.5.25. 2020헌마1336).

23. 집합제한조치로 발생한 손실을 보상하는 규정을 두지 않은 구 '감염병의 예방 및 관리에 관한 법률' 제70조 제1항이 청구인들의 평등권을 침해한다고 할 수 없다(2023.6.29. 2020헌마1669).

24. 전시·사변 등 국가비상사태에 있어서 전투에 종사하는 자에 대하여 각령(閣令)이 정하는 바에 의하여 전투근무수당을 지급하도록 한 구 군인보수법이 평등원칙에 위반된다고 할 수 없다(2023.8.31. 2020헌바594).

25. 내국인 및 영주(F-5)·결혼이민(F-6)의 체류자격을 가진 외국인과 달리 외국인 지역가입자에 대하여 <u>납부할 월별 보험료의 하한을 전년도 전체 가입자의 평균을 고려하여 정하는</u> 구 '장기체류 재외국민 및 외국인에 대한 건강보험 적용기준'이 외국인 지역가입자인 청구인들의 평등권을 침해한다고 할 수 없다(2023.9.26. 2019헌마1165).

26. 경상국립대학교의 교원, 직원 및 조교, 학생에게 총장선거권을 부여한 '경상국립대학교 총장임용후보자 선정에 관한 규정' 제12조 제1항 본문은 같은 대학의 강사인 청구인들의 평등권을 침해하지 아니한다(2023.9.26. 2020헌마553).

27. 우정직 공무원을 우체국장 및 과·실장의 보직 부여 대상에서 제외한 '우정사업본부 직제 시행규칙'은 우정직 공무원인 청구인들의 평등권을 침해하지 아니한다(2023.8.31. 2020헌마116).

28. 예비역 복무의무자의 범위에서 일반적으로 여성을 제외하는 구 병역법 제3조 제1항 중 '예비역 복무'에 관한 부분 및 지원에 의하여 현역복무를 마친 여성을 일반적인 여성의 경우와 동일하게 예비역 복무의무자의 범위에서 제외하는 군인사법 제41조 제4호 및 단서, 제42조는 청구인의 평등권을 침해하지 아니한다(2023.10.26. 2018헌마357).

29. 단기법무장교의 의무복무기간을 장교에 임용된 날부터 기산하도록 한 군인사법 시행령이 현역병 및 군간부후보생 교육기관에서 교육을 받다가 퇴교되어 현역병, 승선근무예비역, 사회복무요원, 예술·체육요원, 전문연구요원, 산업기능요원으로 복무하게 된 사과의 관계에서 단기법무장교인 청구인들의 평등권을 침해한다고 할 수 없다(2024.3.28. 2020헌마1401).

30. 장애보상금 지급대상을 군인으로 한정함으로써 군복무 중 질병 또는 부상으로 퇴직한 이후에 장애상태가 확정된 군인을 **장애보상금** 지급대상에서 제외하고 있는 구 군인연금법 제31조 제1항은 평등원칙에 위반되지 않는다(2024.2.28. 2020헌바320).

비교판례

공무상 질병 또는 부상으로 '퇴직 이후에 폐질상태가 확정된 군인'에 대해서 **상이연금 지급에 관한 규정**을 두지 아니한 군인연금법 제23조 제1항이 평등의 원칙에 위배되어 헌법에 위반된다(2010.6.24. 2008헌바128).

31. 현역병이 국민건강보험공단으로부터 요양비에 관한 지급을 받을 수 있도록 규정하지 아니한 구 국민건강보험법 제60조 제1항 중 '현역병'에 관한 부분과 관련하여 현역병과 일반 건강보험가입자를 차별이 문제되는 비교집단으로 보기 어렵다(2024.3.28. 2021헌바97).

32. 현역병이 국민건강보험공단으로부터 요양비에 관한 지급을 받을 수 있도록 규정한 개정된 법률조항을 개정법 시행 후 최초로 요양을 받은 경우부터 적용하도록 규정한 국민건강보험법 부칙 제4조 중 '현역병'에 관한 부분 평등원칙에 위반되지 아니한다(2024.3.28. 2021헌바97).

33. 치과의사에게 요양병원을 개설할 자격을 부여하지 않는 구 의료법은 청구인의 평등권을 침해한다고 볼 수 없다(2024.3.28. 2020헌마387).

34. '국가, 지방자치단체, 공공기관의 운영에 관한 법률에 따른 공공기관'이 시행하는 개발사업과 달리, 학교법인이 시행하는 개발사업은 그 일체를 개발부담금의 제외 또는 경감 대상으로 규정하지 않은 '개발이익 환수에 관한 법률'은 평등원칙에 위반되지 않는다(2024.5.30. 2020헌바179).

35. 직계혈족, 배우자, 동거친족, 동거가족 또는 그 배우자 이외의 친족 간에 권리행사방해죄를 범한 때는 고소가 있어야 공소를 제기할 수 있도록 한 형법 제328조 제2항은 평등원칙에 위배된다고 보기 어렵다(2024.6.27. 2023헌바449).

36. 공무원에게 재해보상을 위하여 실시되는 급여의 종류로 휴업급여 또는 상병보상연금 규정을 두고 있지 않은 '공무원 재해보상법' 제8조가 일반 근로자에 대한 산업재해보상보험법과 달리 휴업급여 또는 상병보상연금 규정을 두고 있지 않더라도 공무원의 평등권을 침해하지 아니한다(2024.2.28. 2020헌마1377).

10 신체의 자유

죄형법정주의

1. 강제퇴거명령을 받은 사람을 보호할 수 있도록 하면서 보호기간의 상한을 마련하지 아니한 출입국관리법 제63조 제1항에 대해서는 엄격한 심사기준이 적용되어야 한다. **과잉금지원칙 및 적법절차원칙에 위배되어** 피보호자의 신체의 자유를 침해한다(2023.3.23. 2020헌가1, 2021헌가10).

2. 식품의약품안전처장이 식품의 사용기준을 정하여 고시하고, 고시된 사용기준에 맞지 아니하는 식품을 판매하는 행위를 금지·처벌하는 구 식품위생법은 위임의 한계를 넘지 않는다(2021.2.25. 2017헌바222).

3. DNA 증거 등 그 죄를 증명할 수 있는 과학적 증거가 있는 특정 성폭력 범죄는 공소시효를 10년 연장하는 조항을 연장조항 시행 전에 범한 죄로 아직 공소시효가 완성되지 아니한 것에 대하여도 적용하는 조항은 형벌불소급의 원칙이 적용되는 범위에 포함되지 아니하고, 연장조항으로 인하여 제한되는 성폭력범죄자의 신뢰이익이 실체적 정의라는 공익에 우선하여 특별히 헌법적으로 보호할 가치가 있다고 보기 어려우므로, 부칙조항은 형벌불소급의 원칙이나 신뢰보호원칙에 위배되지 아니한다(2023.5.25. 2020헌바309).

4. 형벌불소급의 원칙은 '행위의 가벌성'에 관한 것이기 때문에 소추가능성에만 연관될 뿐이고 가벌성에는 영향을 미치지 않는 공소시효에 관한 규정은 원칙적으로 그 효력범위에 포함되지 않는다. 따라서 공소시효의 정지규정을 과거에 이미 행한 범죄에 대하여 적용하도록 하는 법률이라 하더라도 그 사유만으로 헌법 제12조 제1항 및 제13조 제1항에 규정한 죄형법정주의의 파생원칙인 형벌불소급의 원칙에 언제나 위배되는 것으로 단정할 수는 없다(2021.6.24. 2018헌바457).

과잉형벌금지

위반인 것

1. 음주운전 금지규정 위반 또는 음주측정거부 전력이 1회 이상 있는 사람이 다시 음주운전 금지규정 위반행위를 한 경우 2년 이상 5년 이하의 징역이나 1천만 원 이상 2천만 원 이하의 벌금에 처하도록 규정한 도로교통법 제148조의2 제1항은 책임과 형벌 간의 비례원칙에 위반된다(2022.5.26. 2021헌가30). *** 명확성원칙 위반은 아님**

2. 음주운항 전력이 있는 사람이 다시 음주운항을 한 경우 2년 이상 5년 이하의 징역이나 2천만 원 이상 3천만 원 이하의 벌금에 처하도록 규정한 해사안전법 제104조의2 제2항 중 '제41조 제1항을 위반하여 2회 이상 술에 취한 상태에서 선박의 조타기를 조작한 운항자'에 관한 부분은 책임과 형벌 간의 비례원칙에 위반된다(2022.8.31. 2022헌가10).

3. 가족 중 성년자가 예비군훈련 소집통지서를 예비군대원 본인에게 전달하여야 하는 의무를 위반한 행위를 한 경우 6개월 이하의 징역 또는 500만 원 이하의 벌금에 처하도록 한 예비군법 제15조 제10항은 비례원칙에도 위반된다고 할 것이다(2022.5.26. 2019헌가12).

4. 주거침입강제추행죄와 주거침입준강제추행죄에 대하여 무기징역 또는 7년 이상의 징역에 처하도록 한 '성폭력범죄의 처벌 등에 관한 특례법'은 책임과 형벌 간의 비례원칙에 위배된다(2023.2.23. 2021헌가9). *** 주거침입강제추행죄 5년 이상의 징역은 위헌 아님**

위반이 아닌 것

1. 야간주거침입절도죄의 미수범이 준강제추행죄를 범한 경우 무기징역 또는 7년 이상의 징역에 처하도록 한 성폭력범죄의 처벌 등에 관한 특례법은 책임과 형벌 간의 비례원칙에 위배되지 않는다(2023.2.23. 2022헌가2).

2. 아동학대 신고의무자인 초·중등학교 교원이 보호하는 아동에 대하여 아동학대범죄를 범한 때에는 그 죄에 정한 형의 2분의 1까지 가중하도록 한 '아동학대범죄의 처벌 등에 관한 특례법' 제7조 가운데 제10조 제2항 제20호 중 초·중등교육법 제19조에 따른 교원에 관한 부분이 책임과 형벌 간의 비례원칙에 위배하였다고 볼 수 없다(2021.3.25. 2018헌바388).

3. 아동·청소년이 등장하는 아동·청소년성착취물을 배포한 자를 3년 이상의 징역에 처하도록 한 '아동·청소년의 성보호에 관한 법률' 제11조 제3항 중 '아동·청소년이 등장하는 아동·청소년성착취물을 배포한 자'에 관한 부분이 책임과 형벌 간의 비례원칙에 위반된다고 할 수 없다(2022.11.24. 2021헌바144).

명확성원칙

1. 환경부장관이 하수의 수질을 현저히 악화시키는 것으로 판단되는 특정공산품의 제조·수입·판매나 사용의 금지 또는 제한을 명할 수 있도록 한 구 하수도법은 죄형법정주의 명확성원칙에 위배되지 않는다(2021.3.25. 2018헌바375).

2. 대중교통수단, 공연·집회 장소, 그 밖에 공중이 밀집하는 장소에서 사람을 추행한 사람을 처벌하는 구 '성폭력범죄의 처벌 등에 관한 특례법' 제11조 중 '추행' 부분은 죄형법정주의 명확성원칙에 위반되지 아니한다(2021.3.25. 2019헌바413).

3. 누구든지 약사법 제42조 제1항을 위반하여 수입된 의약품을 판매하거나 판매할 목적으로 저장 또는 진열하여서는 아니 된다고 규정한 구 약사법 제61조 제1항 제2호 중 '제42조 제1항을 위반하여 수입된 의약품'에 관한 부분은 죄형법정주의 명확성원칙에 위배된다고 할 수 없다(2022.10.27. 2020헌바375).

4. 정보통신망을 통하여 음란한 화상 또는 영상을 공공연하게 전시하여 유통하는 것을 금지하고 이를 위반하는 자를 처벌하도록 정한 '정보통신망 이용촉진 및 정보보호 등에 관한 법률'은 죄형법정주의 명확성원칙에 위배된다고 할 수 없다(2023.2.23. 2019헌바305).

5. 어린이 보호구역에서 제한속도 준수의무 또는 안전운전의무를 위반하여 어린이를 상해에 이르게 한 경우 1년 이상 15년 이하의 징역 또는 500만 원 이상 3천만 원 이하의 벌금에, 사망에 이르게 한 경우 무기 또는 3년 이상의 징역에 처하도록 규정한 '특정범죄 가중처벌 등에 관한 법률' 제5조의13은 죄형법정주의 명확성원칙에 위반된다고 할 수 없다(2023.2.23. 2020헌마460).

6. 누구든지 선박의 감항성의 결함을 발견한 때에는 해양수산부령이 정하는 바에 따라 그 내용을 해양수산부장관에게 신고하여야 한다고 규정한 구 선박안전법은 명확성원칙에 위반된다고 할 수 없다(2024.5.30. 2020헌바234).

영장주의

1. 헌법상 영장주의는 체포·구속·압수·수색 등 기본권을 제한하는 강제처분에 적용되므로, 강제력이 개입되지 않은 임의수사에 해당하는 수사기관 등의 **통신자료 취득에는** 영장주의가 적용되지 않는다(2022.7.21. 2016헌마388).

2. 기지국 수사를 허용하는 **통신사실 확인자료 제공요청**은 법원의 허가를 받으면, 해당 가입자의 동의나 승낙을 얻지 아니하고도 제3자인 전기통신사업자에게 해당 가입자에 관한 통신사실 확인자료의 제공을 요청할 수 있도록 하는 수사방법으로, 통신비밀보호법이 규정하는 강제처분에 해당하므로 헌법상 영장주의가 적용된다(2018.6.28. 2012헌마538).

3. 사형·무기 또는 장기 3년 이상의 징역이나 금고에 해당하는 죄를 범하였다고 의심할만한 상당한 이유가 있는 경우에 피의자를 긴급체포할 수 있도록 한 형사소송법 제200조의3 제1항은 헌법상 영장주의에 위반되지 아니한다(2021.3.25. 2018헌바212).

4. 영장신청권자로서의 '검사'는 '검찰권을 행사하는 국가기관'인 검사로서 공익의 대표자이자 인권옹호기관으로서의 지위에서 그에 부합하는 직무를 수행하는 자를 의미하는 것이지, 검찰청법상 검사만을 지칭하는 것으로 보기 어렵다. 수사처검사는 변호사 자격을 일정 기간 보유한 사람 중에서 임명하도록 되어 있으므로, 법률전문가로서의 자격도 충분히 갖추었다. 따라서 공수처법 제8조 제4항은 영장주의원칙을 위반하여 청구인들의 신체의 자유 등을 침해하지 않는다(2021.1.28. 2020헌마264).

5. 수사권 및 소추권은 입법부·사법부가 아닌 '대통령을 수반으로 하는 행정부'에 부여된 '헌법상 권한'이라 할 것이다. 헌법 제12조 제3항의 검사의 영장신청권은 **제5차 개정헌법**(1962.12.26. 헌법 제6호)에서 처음 도입되었다. **검사의 영장신청권 조항에서 검사에게 헌법상 수사권까지 부여한다는 내용까지 논리 필연적으로 도출된다고 보기 어렵다.** 피청구인의 이 사건 법률개정행위로 인해 검사의 '헌법상 권한'(영장신청권)이 침해될 가능성은 존재하지 아니하고, 국회의 구체적인 입법행위를 통해 비로소 그 내용과 범위가 형성되어 부여된 검사의 '법률상 권한'(수사권 및 소추권)은 그 자체로 국회의 법률개정행위로 인해 침해될 가능성이 없으므로, 피청구인의 이 사건 법률개정행위로 인한 청구인 검사들의 헌법상 권한 침해가능성은 인정되지 아니한다(2023.3.23. 2022헌라4).

변호인의 조력을 받을 권리

1. **법원이 열람·등사 허용 결정을 하였음에도 검사가 열람·등사를 거부한 행위**

   법원이 열람·등사 허용 결정을 하였음에도 검사가 이를 신속하게 이행하지 아니하는 경우에는 해당 증인 및 서류 등을 증거로 신청할 수 없는 불이익을 받는 것에 그치는 것이 아니라, 그러한 검사의 거부행위는 피고인의 열람·등사권을 침해하고, 나아가 피고인의 신속·공정한 재판을 받을 권리 및 변호인의 조력을 받을 권리까지 침해하게 되는 것이므로, 피청구인의 이 사건 거부행위는 청구인의 신속·공정한 재판을 받을 권리 및 변호인의 조력을 받을 권리를 침해한다(2022.6.30. 2019헌마35).

2. 수형자는 원칙적으로 변호인의 조력을 받을 권리의 주체가 아니지만, **교정시설 수용 중 새로 기소된 형사사건에서는 예외적으로 해당 권리의 주체가 될 수 있다.** 따라서 변호인이 보낸 서신을 개봉한 행위는 변호인의 조력을 받을 권리를 제한한다. 청구인의 주장은 변호인과의 서신 개봉 문제를 다투는 것으로, 통신비밀의 자유 침해 여부는 별도로 판단하지 않는다. 미결수용자와 같은 지위에 있는 수형자는 서신 이외에도 접견 또는 전화통화에 의해서도 변호사와 접촉하여 형사소송을 준비할 수 있다. **이 사건 서신개봉행위와 같이 금지물품이 들어 있는지를 확인하기 위하여 서신을 개봉하는 것만으로는 미결수용자와 같은 지위에 있는 수형자가 변호인의 조력을 받을 권리를 침해하지 아니한다**(2021.10.28. 2019헌마973).

3. 헌법은 70세 이상인 불구속 피의자가 피의자신문을 받을 때 국선변호인을 선정하는 법률을 제정할 것을 명시적으로 위임하고 있지 않다. 헌법 제12조 제4항 본문과 단서의 논리적 관계를 고려할 때 '**국선변호인의 조력을 받을 권리**'는 피의자가 **아닌 피고인에게만 보장되는 기본권이다.** 따라서 헌법 제12조 제4항이 70세 이상인 불구속 피의자에 대하여 국선변호인의 조력을 받을 권리를 보장하기 위한 입법의무를 명시적으로나 해석상으로 인정할 근거가 없다(2023.2.23. 2020헌마1030). ＊**각하결정**

4. 피의자 및 피고인에 대한 변호인의 조력할 권리 중 핵심적인 부분만이 법률상 권리를 넘어 헌법상 기본권으로 보호된다. **피고인의 피해자에 대한 공탁**은 피고인을 조력할 변호인의 권리 중 그것이 보장되지 않으면 피고인이 변호인의 조력을 받는다는 것이 **유명무실하게 되는 핵심적인 부분이라고 보기는 어렵다**(2021.8.31. 2019헌마516).

5. 빈곤한 경우에 한해 소송비용 집행면제조항은 변호인의 선임이나 변호 자체를 제한하는 것은 아니므로 변호인의 조력을 받을 권리의 제한 여부는 판단하지 아니한다(2021.2.25. 2019헌바64).

11 사생활의 자유와 개인정보자기결정권

침해인 것

1. 수사기관 등이 전기통신사업자에게 이용자의 성명 등 통신자료의 열람이나 제출을 요청할 수 있도록 한 전기통신사업법 제83조 제3항은 **적법절차원칙에 위배되어 개인정보자기결정권을 침해한다.** 그러나 수사기관 등이 전기통신사업자에게 이용자의 성명 등 통신자료의 열람이나 제출을 요청할 수 있도록 한 전기통신사업법 제83조 제3항은 **과잉금지원칙에 위배되지 않는다**(2022.7.21. 2016헌마388). *** 통신의 자유 제한은 아님. 영장주의적 적용 안 됨. 명확성원칙 위반 아님**

2. 소년에 대한 수사경력자료의 삭제와 보존기간에 대하여 규정하면서 **법원에서 불처분결정된 소년부송치 사건에 대하여 보존기간을 규정하지 않은** 구 '형의 실효 등에 관한 법률' 제8조의2 제1항 및 제3항은 과잉금지원칙에 반하여 개인정보자기결정권을 침해한다(2021.6.24. 2018헌가2).

3. **변동신고조항 및 이를 위반할 경우 처벌하도록 정한** 보안관찰법 제27조 제2항 중 제6조 제2항 전문에 관한 부분은 신고의 무기간의 상한을 정하고 있지 아니하여 과잉금지원칙을 위반하여 청구인의 사생활의 비밀과 자유 및 개인정보자기결정권을 침해한다. 그러나 보안관찰처분대상자가 교도소 등에서 출소한 후 기존에 보안관찰법 제6조 제1항에 따라 신고한 거주예정지 등 대통령령이 정하는 사항에 대해 정보에 변동이 생길 때마다 7일 이내에 이를 신고하도록 정한 보안관찰법 제6조 제2항 전문이 포괄위임금지원칙에 위배된다고 할 수 없다(2021.6.24. 2017헌바479). *** 헌법불합치결정**

침해가 아닌 것

1. **보안관찰처분대상자가 교도소 등에서 출소한 후 7일 이내에 출소사실을 신고하도록** 정한 구 보안관찰법 제6조 제1항 전문 중 출소 후 신고의무에 관한 부분 및 이를 위반할 경우 처벌하도록 정한 보안관찰법은 과잉금지원칙을 위반하여 청구인의 사생활의 비밀과 자유 및 개인정보자기결정권을 침해하지 아니한다(2021.6.24. 2017헌바479).

2. **정보주체의 배우자나 직계혈족이 정보주체의 위임 없이도** 정보주체의 가족관계 상세증명서의 교부 청구를 할 수 있도록 하는 '가족관계의 등록 등에 관한 법률' 제14조 제1항 본문 중 '배우자, 직계혈족은 제15조 제1항 제1호에 규정된 가족관계증명서에 대한 상세증명서의 교부를 청구할 수 있다.' 부분은 청구인의 개인정보자기결정권을 침해하지 아니한다(2022.11.24. 2021헌마130).

비교판례

가정폭력 가해자에 대한 별도의 제한 없이 **직계혈족이기만 하면** 사실상 자유롭게 그 자녀의 가족관계증명서와 기본증명서의 교부를 청구하여 발급받을 수 있도록 함으로써, 그로 인하여 가정폭력 피해자인 청구인의 개인정보가 가정폭력 가해자인 전 배우자에게 무단으로 유출될 수 있는 가능성을 열어놓고 있다. 따라서 과잉금지원칙에 위배되어 청구인의 개인정보자기결정권을 침해한다(2020.8.28. 2018헌마927).

3. 의료기관의 장으로 하여금 보건복지부장관에게 비급여 진료비용에 관한 사항을 보고하도록 한 의료법 제45조의2 제1항 중 '비급여 진료비용'에 관한 부분은 과잉금지원칙에 반하여 의사의 직업수행의 자유와 환자의 개인정보자기결정권을 침해하지 아니한다(2023.2.23. 2021헌마93).

4. 대한적십자사의 회비모금 목적으로 자료제공을 요청받은 국가와 지방자치단체는 특별한 사유가 없으면 그 자료를 제공하여야 한다는 자료제공조항과, 대한적십자사가 요청할 수 있는 자료로 세대주의 성명 및 주소를 규정한 '대한적십자사 조직법 시행령'이 과잉금지원칙에 반하여 청구인들의 개인정보자기결정권을 침해한다고 볼 수 없다(2023.2.23. 2019헌마1404).

5. '개인정보 보호법' 제28조의5는 가명정보의 재식별을 예외 없이 금지함으로써 청구인들의 개인정보자기결정권을 침해하지 않는다(2023.10.26. 2020헌마1477).

6. **인체면역결핍 바이러스에 감염된 사람이 혈액 또는 체액을 통하여 다른 사람에게 전파매개행위를 하는 것을 금지하고** 이를 위반한 경우를 3년 이하의 징역형으로 처벌한다고 규정한 '후천성면역결핍증 예방법'은 과잉금지원칙을 위반하여 인체면역결핍 바이러스 감염인의 사생활의 자유 및 일반적 행동자유권을 침해하지 아니한다(2023.10.26. 2019헌가30).

7. 13세 이상 16세 미만의 사람에 대하여 간음 또는 추행을 한 19세 이상의 자를 강간죄, 유사강간죄, 강제추행죄의 예에 따라 처벌하도록 한 형법 제305조 제2항은 성적 자기결정권과 사생활의 비밀과 자유를 제한하나 침해한다고 할 수 없다(2024.6.27. 2022헌가40).

8. 교도소장이 수용자의 정신과진료 현장에 각각 간호직교도관을 입회시킨 행위는 사생활의 비밀과 자유를 침해하지 않는다(2024.1.25. 2020헌마1725).

9. 대체복무요원 생활관 내부의 공용공간에 CCTV를 설치하여 촬영하는 행위가 대체복무요원 생활관에서 합숙하는 청구인들의 사생활의 비밀과 자유를 침해하지 아니한다(2024.5.30. 2022헌마707).

10. 가족관계등록부의 재작성 신청을 혼인무효사유가 한쪽 당사자나 제3자의 범죄행위로 인한 경우로 한정한 '가족관계등록부의 재작성에 관한 사무처리지침'을 침해하지 않는다(2024.1.25. 2020헌마65).

11. 감염병 전파 차단을 위한 개인정보 수집의 수권조항인 구 감염병예방법은 개인정보자기결정권, **사생활의 비밀·통신의 자유·일반적 행동의 자유를 제한하나** 개인정보자기결정권 침해 여부를 판단하면서 별도로 판단하지 않는다(2024.4.25. 2020헌마1028).

12. 감염병 전파 차단을 위한 개인정보 수집의 수권조항인 구 감염병예방법은 개인정보자기결정권을 침해하지 않는다(2024.4.25. 2020헌마1028).

12 거주·이전의 자유

1. 지방병무청장으로 하여금 병역준비역에 대하여 27세를 초과하지 않는 범위에서 단기 국외여행을 허가하도록 한 구 '병역의무자 국외여행 업무처리 규정' 제5조는 27세가 넘은 병역준비역인 청구인의 거주·이전의 자유를 침해하지 않는다(2023.2.23. 2019헌마1157).

2. **생활의 근거지에 이르지 않는 일시적 이동을 위한 장소의 선택·변경은 거주·이전의 자유에 의하여 보호되는 것이 아니므로** 집회 또는 시위를 하기 위하여 인천애(愛)뜰 중 잔디마당과 그 경계 내 부지에 대한 사용허가 신청을 한 경우 인천광역시장이 이를 허가할 수 없도록 제한하는 **인천애(愛)뜰의 사용 및 관리에 관한 조례에 의하여 거주·이전의 자유가 제한되는 것으로 볼 수 없다**(2023.9.26. 2019헌마1417).

13 통신의 자유

1. 피청구인 교도소장이 법원, 검찰청 등이 청구인에게 보낸 문서를 열람한 행위는 수용자의 통신의 자유를 침해하지 아니한다(2021.9.30. 2019헌마919).

2. 피청구인 교도소장이 **수용자에게 온 서신을 개봉한 행위**는 청구인의 통신의 자유를 침해하지 아니한다(2021.9.30. 2019헌마919). 사생활의 비밀과 자유에 포섭될 수 있는 사적 영역에 속하는 통신의 자유는 헌법이 제18조에서 별도의 기본권으로 보장하고 있으므로, 통신의 자유 침해 여부를 판단하는 이상 **사생활의 비밀과 자유 침해 여부에 관하여는 별도로 판단하지 아니한다.** 피청구인은 청구인에게 온 서신을 개봉하였을 뿐, 청구인의 재판상 권리 행사에 영향을 미칠 의사로 서신의 내용을 열람하거나 청구인의 동일성을 식별할 수 있게 하는 정보를 수집·보관하였다고 볼 근거가 없으므로, 피청구인의 서신개봉행위로 인해 청구인의 **공정한 재판을 받을 권리 및 개인정보자기결정권이** 제한된다고 볼 수 **없다.**

3. 방송통신심의위원회가 2019.2.11. 주식회사 ○○ 외 9개 정보통신서비스제공자 등에 대하여 895개 웹사이트에 대한 접속차단의 시정을 요구한 행위는 청구인들의 통신의 비밀과 자유 및 알 권리를 침해하지 아니한다(2023.10.26. 2019헌마158).

4. 경찰관서에서 수집한 개인영상정보의 보유기간을 30일로 정한 '경찰청 영상정보처리기기 운영규칙'은 통신의 비밀과 관련이 없다(2024.2.28. 2021헌마40).

14 양심의 자유

1. 국가보안법 제7조 제1항 중 '찬양·고무·선전 또는 이에 동조한 자'에 관한 부분 및 제7조 제5항 중 '제1항 가운데 찬양·고무·선전 또는 이에 동조할 목적으로 제작·소지·운반·반포 또는 취득한 자'에 관한 부분은 헌법에 위반되지 않는다(2023.9.26. 2017헌바42등).

2. 이적행위조항에 의해 양심의 자유 내지는 사상의 자유가 제한되는 측면이 있기는 하나, 이적행위조항이 행위자가 내심의 영역에서 양심을 형성시키거나 사상을 발전시켜 나가고자 하는 자유 그 자체를 직접 제한하는 것은 아니며 찬양·고무·선전·동조 등을 통해 외부로 표출된 양심이나 사상은 표현의 자유의 보호범위에 포섭된다. 또한 이적행위조항으로 인한 학문·예술의 자유의 제한 역시 표현행위 자체를 제한함으로 인한 것이다. 따라서 이적행위조항의 위헌성은 표현의 자유 침해 여부를 기준으로 판단하면 족하다(2023.9.26. 2017헌바42등).

3. **대체복무기관을 '교정시설'로 한정한 '대체역의 편입 및 복무 등에 관한 법률' 시행령**이 신체의 자유, 거주·이전의 자유, 직업의 자유, 사생활의 비밀과 자유, 통신의 자유, 종교의 자유, 인격권을 침해한다는 주장은 대체역 복무 부여가 과도하다는 주장을 보충하는 것이므로, 양심의 자유 침해 여부를 판단하는 이상 별도로 판단하지 않는다(2024.5.30. 2021헌마117).

4. 입법자는 대체복무요원의 복무 내용과 범위를 정할 때 **폭넓은 입법형성권을 가진다**(2024.5.30. 2021헌마117).

5. 대체복무기관을 '교정시설'로 한정한 '대체역의 편입 및 복무 등에 관한 법률' 시행령 제18조, 대체복무요원의 복무기간을 '36개월'로 한 대체역법 제18조 제1항, 대체복무요원으로 하여금 '합숙'하여 복무하도록 한 대체역법 제21조 제2항이 청구인들의 양심의 자유를 침해한다고 볼 수 없다(2024.5.30. 2021헌마117).

15 종교의 자유

1. 논산훈련소장이 개인의 자율적이고 자발적인 신앙생활이나 종교활동을 보장하는 것을 넘어, 개인의 의사에 반하여 종교행사에 참석하도록 강제하는 방법으로 군인의 정신적 전력을 제고하는 것은, 국가와 종교의 상호 분리를 요청하는 정교분리원칙에 정면으로 위배하여 종교의 자유를 침해한다(2022.11.24. 2019헌마941).

2. 논산훈련소장이 이 사건 종교행사 참석조치를 통하여 궁극적으로는 군인의 정신적 전력을 강화하고자 하였다고 볼 수 있는 바, 일응 그 목적의 정당성을 인정할 여지가 있다. 그러나 이 사건 종교행사 참석조치는 그 수단의 적합성을 인정할 수 없다(2022.11.24. 2019헌마941).

3. 독학학위 취득시험의 시험일을 일요일로 정한 2021년도 독학에 의한 학위취득시험 시행 계획 공고는 청구인의 종교의 자유를 침해하지 아니한다(2022.12.22. 2021헌마271).

4. 연 2회 실시하는 2021년도 간호조무사 국가시험의 시행일시를 모두 토요일 일몰 전으로 정한 2021년도 간호조무사 국가시험 시행계획 공고는 청구인의 종교의 자유를 침해하지 아니한다(2023.6.29. 2021헌마171).

5. 종교적인 기관·단체 등의 조직 내에서의 직무상 행위를 이용하여 그 구성원에 대하여 선거운동을 하거나 하게 할 수 없도록 한 공직선거법 조항은 종교적 신념 자체 또는 종교의식, 종교교육, 종교적 집회·결사의 자유 등을 제한하는 것이 아니므로 종교의 자유가 직접적으로 제한된다고 보기 어렵다(2024.1.25. 2021헌바233등). **표현의 자유 제한임**

6. 감염병을 예방하기 위하여 종교집회를 제한하거나 금지하는 조치를 규정한 감염병의 예방 및 관리에 관한 법률 제49조 제1항 제2호는 종교행사의 자유를 제한하나 예배의 내용 자체를 제한한다고 보기 어렵다(2024.6.27. 2021헌바178).

7. 감염병을 예방하기 위하여 종교집회를 제한하거나 금지하는 조치를 규정한 감염병의 예방 및 관리에 관한 법률 제49조 제1항 제2호는 종교의 자유를 침해하지 않는다(2024.6.27. 2021헌바178).

8. 감염병을 예방하기 위하여 종교집회를 제한하거나 금지하는 조치를 규정한 감염병의 예방 및 관리에 관한 법률은 참가자들 간의 거리 확보를 목적으로 하므로 종교시설에 차별 취급이 발생한다고 볼 수 없어 정교분리원칙 위반 문제는 없다(2024.6.27. 2021헌바178).

9. 외교부 북미국장이 2017.4.20. 주한미군사령부 부사령관과 사이에 주한미군에 성주 스카이힐 골프장 부지 중 328,779㎡의 사용을 공여하는 내용으로 체결한 협정은 주한미군이 이 사건 부지를 사용한다고 하여 특정 종교의 교리를 침해하거나 청구인들의 신앙 활동에 직접적 영향을 미친다고 할 수 없고, 종교적 행위의 자유 및 종교집회의 자유 침해가능성이 인정되지 아니한다(2024.3.28. 2017헌마371).

16 학문·예술의 자유

1. 교원, 직원, 학생 등 대학평의원회의 각 구성단위에 속하는 평의원의 수가 전체 평의원 정수의 2분의 1을 초과할 수 없도록 규정한 구 고등교육법 제19조의2 제2항 후문은 국·공립대학 교수회 및 교수들의 대학의 자율권을 침해한다고 볼 수 없다(2023.10.26. 2018헌마872).

2. 법률에 따라 국내에서 출원공개된 경우 신규성 상실의 예외를 제한하는 디자인보호법 제36조 제1항 단서 중 '법률에 따라 국내에서 출원공개된 경우'에 관한 부분이 입법형성권의 한계를 일탈하였다고 보기 어렵다(2023.7.20. 2020헌바497).

17 표현의 자유

보호영역과 제한

1. 헌법 제21조 제4항 전문은 "언론·출판은 타인의 명예나 권리 또는 공중도덕이나 사회윤리를 침해하여서는 아니 된다."라고 규정한다. 이는 언론·출판의 자유에 따르는 책임과 의무를 강조하는 동시에 **언론·출판의 자유에 대한 제한의 요건을 명시한 규정일 뿐, 헌법상 표현의 자유의 보호영역에 대한 한계를 설정한 것이라고 볼 수는 없으므로** 공연한 사실의 적시를 통한 명예훼손적 표현 역시 표현의 자유의 보호영역에 해당한다(2021.2.25. 2017헌마1113).

2. 집회 또는 시위를 하기 위하여 인천애(愛)뜰 중 잔디마당과 그 경계 내 부지에 대한 사용허가 신청을 한 경우 인천광역시장이 이를 허가할 수 없도록 제한하는 인천애(愛)뜰의 사용 및 관리에 관한 조례는 집회에 대한 허가제를 규정하였다고 보기 어려우므로, 헌법 제21조 제2항 위반 주장에 대해서는 나아가 살펴보지 않기로 한다(2023.9.26. 2019헌마1417).

3. 신문의 편집인 등으로 하여금 아동보호사건에 관련된 아동학대행위자를 특정하여 파악할 수 있는 인적 사항 등을 신문 등 출판물에 싣거나 방송매체를 통하여 방송할 수 없도록 하는 '아동학대범죄의 처벌 등에 관한 특례법'은 언론·출판의 자유와 알 권리를 제한한다(2022.10.27. 2021헌가4).

4. 남북합의서 위반행위로서 전단등 살포를 하여 국민의 생명·신체에 위해를 끼치거나 심각한 위험을 발생시키는 것을 금지하는 남북관계 발전에 관한 법률 제24조 제1항 제3호로 **한반도 군사분계선 이남 지역에 거주하고 있는 청구인들의 알 권리는 제한되지 않는다**(2023.9.26. 2020헌마1724).

5. **변호사 광고금지는 언론·출판의 자유와 직업수행의 자유도 동시에 제한하게 된다. 재산권을 제한한다고 보기 어렵다.** 변호사 광고금지에 대해 헌법 제119조에 관한 주장 역시 직업의 자유 침해 여부에 대하여 심사하는 것으로 충분하므로 별도로 판단하지 않는다(2022.5.26. 2021헌마619).

침해인 것

1. 인터넷언론사는 선거운동기간 중 당해 홈페이지 게시판 등에 정당·후보자에 대한 지지·반대 등의 정보를 게시하는 경우 실명을 확인받는 기술적 조치를 하도록 정한 공직선거법 조항은 과잉금지원칙에 위반하여 게시판 등 이용자의 익명표현의 자유 및 개인정보자기결정권과 인터넷언론사의 언론의 자유를 침해한다(2021.1.28. 2018헌마456). ***명확성원칙에 반하지 않는다.**

2. 정치자금법에 따라 회계보고된 자료의 열람기간을 3월간으로 제한한 정치자금법 제42조 제2항 본문 중 '3월간' 부분이 과잉금지원칙에 위배되어 청구인 신○○의 알 권리를 침해한다(2021.5.27. 2018헌마1168).

3. 남북합의서 위반행위로서 전단등 살포를 하여 국민의 생명·신체에 위해를 끼치거나 심각한 위험을 발생시키는 것을 금지하는 남북관계 발전에 관한 법률 제24조 제1항 제3호 및 이에 위반한 경우 처벌하는 같은 법 제25조 중 제24조 제1항 제3호에 관한 부분에 대해 표현의 내용을 제한하는 결과를 가져오는바, 국가가 표현 내용을 규제하는 것은 원칙적으로 중대한 공익의 실현을 위하여 불가피한 경우에 한하여 허용되고, 특히 정치적 **표현의 내용 중에서도 특정한 견해, 이념, 관점에 기초한 제한은 과잉금지원칙 준수 여부를 심사할 때 더 엄격한 기준이 적용되어야 한다. 과잉금지원칙에 위배되어 청구인들의 표현의 자유를 침해한다.** 그러나 남북합의서 위반행위로서 전단등 살포를 하여 국민의 생명·신체에 위해를 끼치거나 심각한 위험을 발생시키는 것을 금지하는 남북관계 발전에 관한 법률은 표현물의 제출의무를 부과하지 않아 행정권의 **사전심사절차가 아니므로 헌법 제21조 제2항이 금지하고 있는 '검열'에 해당한다고 보기는 어렵다**(2023.9.26. 2020헌마1724).

4. 사회복무요원의 '**그 밖의 정치단체에 가입하는** 등 정치적 목적을 지닌 행위'를 금지한 병역법은 명확성원칙에 위배된다 (2021.11.25. 2019헌마534). **＊정당가입금지는 합헌임**

5. 정보위원회 회의는 공개하지 아니한다고 정하고 있는 국회법 제54조의2 제1항 본문이 의사공개원칙에 위배되어 청구인들의 알 권리를 침해한다(2022.1.27. 2018헌마1162).

6. 변호사 또는 소비자로부터 금전·기타 경제적 대가(알선료, 중개료, 수수료, 회비, 가입비, 광고비 등 명칭과 정기·비정기 형식을 불문한다)를 받고 **변호사등을 광고·홍보·소개하는 행위를 금지**한 변호사 광고에 관한 규정은 과잉금지원칙에 위반하여 청구인들의 표현의 자유, 직업의 자유를 침해한다(2022.5.26. 2021헌마619). **＊재산권 제한은 아님**

7. **협회의 유권해석에 반하는 내용의 광고를 금지하는** 변호사 광고에 관한 규정, 협회의 회규, 유권해석에 위반되는 행위를 목적 또는 수단으로 하여 행하는 법률상담 광고를 금지하는 변호사 광고에 관한 규정이 법률유보원칙을 위반하여 청구인들의 표현의 자유, 직업의 자유를 침해한다(2022.5.26. 2021헌마619).

8. **대통령관저, 국회의장 공관의 경계 지점으로부터 100미터 이내의 장소에서의 옥외집회 또는 시위를 일률적으로 금지하고,** 이를 위반한 집회·시위의 참가자를 처벌하는 구 '집회 및 시위에 관한 법률'은 입법목적 달성을 위한 적합한 수단이다. 그러나 일률적으로 집회를 금지하고 있으므로 피해의 최소성에 반하여 집회의 자유를 침해한다(2022.12.22. 2018헌바48; 2023.3.23. 2021헌가1).

9. 시청사 보호를 위한 방호인력을 확충하고 청사 입구에 보안시설물을 설치하는 등의 대책을 마련함으로써, 잔디마당에서의 집회·시위를 전면적으로 제한하지 않고도 입법목적을 충분히 달성할 수 있다. 그럼에도 불구하고 집회 또는 시위를 하기 위하여 인천애(愛)뜰 중 잔디마당과 그 경계 내 부지에 대한 사용허가 신청을 한 경우 **인천광역시장이 이를 허가할 수 없도록 제한하는** 인천애(愛)뜰의 사용 및 관리에 관한 조례는 **과잉금지원칙에 위배되어** 청구인들의 집회의 자유를 침해한다(2023.9.26. 2019헌마1417). 다만, 조례에 대한 법률의 위임은 법규명령에 대한 법률의 위임과 같이 반드시 구체적으로 범위를 정할 필요가 없으며, 포괄적으로도 할 수 있다. 이 사건 조례는 지방자치법 제13조 제2항 제1호 자목 및 제5호 나목 등에 근거하여 인천광역시가 소유한 공유재산이자 공공시설인 인천애뜰의 사용 및 관리에 필요한 사항을 규율하기 위하여 제정되었고, 심판대상조항은 잔디마당과 그 경계 내 부지의 사용 기준을 정하고 있다. 그렇다면 심판대상조항은 법률의 위임 내지는 법률에 근거하여 규정된 것이라고 할 수 있으므로 **법률유보원칙에 위배되지 않는다.**

침해가 아닌 것

1. '변호사의 공공성이나 공정한 수임질서를 해치거나 소비자에게 피해를 줄 우려가 있는 광고에 참여 또는 협조하여서는 아니 된다'는 변호사 광고에 관한 규정은 법률유보원칙에 위배되지 아니한다(2022.5.26. 2021헌마619).

2. '공정한 수임질서를 저해할 우려가 있는 무료 또는 부당한 염가' 법률상담 방식에 의한 광고를 금지하는 변호사 광고에 관한 규정은 법률유보원칙에 위배되지 아니한다(2022.5.26. 2021헌마619).

3. 수사기관과 행정기관의 처분·법원 판결 등의 결과 예측을 표방하는 광고와 변호사등이 아님에도 수사기관과 행정기관의 처분·법원 판결 등의 결과 예측을 표방하는 서비스를 취급·제공하는 행위를 금지하는 변호사 광고에 관한 규정은 과잉금지원칙에 위반되지 아니한다(2022.5.26. 2021헌마619).

4. 변호사 또는 소비자로부터 금전·기타 경제적 대가(알선료, 중개료, 수수료, 회비, 가입비, 광고비 등 명칭과 정기·비정기 형식을 불문한다)를 받고 법률상담 또는 사건 등을 소개·알선·유인하기 위하여 변호사등과 소비자를 연결하는 행위를 금지하는 변호사 광고규정은 과잉금지원칙에 위반하지 아니한다(2022.5.26. 2021헌마619).

5. 국가기관, 지방자치단체, '공공기관의 운영에 관한 법률' 제5조 제3항에 따른 **공기업·준정부기관 및 '지방공기업법'에 따른 지방공사·지방공단으로 하여금 정보통신망 상에 게시판을** 설치·운영하려면 게시판 이용자의 본인 확인을 위한 방법 및 절차의 마련 등 대통령령으로 정하는 필요한 조치를 하도록 규정한 '정보통신망 이용촉진 및 정보보호 등에 관한 법률'은 익명표현의 자유를 침해하지 않는다(2022.12.22. 2019헌마654). * **인터넷언론사 게시판 실명제는 표현의 자유 침해**

6. 공정거래위원회의 처분과 관련된 자료를 대상으로 한 당사자의 열람·복사 요구에 대하여 공정위로 하여금 자료를 제출한 자의 동의가 있거나 공익상 필요하다고 인정할 때에는 이에 응하도록 한 구 '독점규제 및 공정거래에 관한 법률'은 과잉금지원칙에 위반되어 알 권리를 침해하지 않는다(2023.7.20. 2019헌바417).

7. 사람을 비방할 목적으로 정보통신망을 통하여 공공연하게 사실을 드러내어 다른 사람의 명예를 훼손한 자를 형사처벌하도록 규정한 것은 표현의 자유를 침해하지 아니한다(2023.9.26. 2021헌바281).

8. 공연히 사실을 적시하여 사람의 명예를 훼손한 자를 형사처벌하도록 규정한 형법 제307조 제1항은 표현의 자유를 침해하지 아니한다(2021.2.25. 2017헌마1113).

9. 사람을 비방할 목적으로 정보통신망을 통하여 공공연하게 거짓의 사실을 드러내어 다른 사람의 명예를 훼손한 자를 형사처벌하도록 규정한 정보통신망 이용촉진 및 정보보호 등에 관한 법률은 과잉금지원칙에 반하여 표현의 자유를 침해하지 아니한다(2021.3.25. 2015헌바438).

10. '집회' 개념이 불명확하여, 옥외집회의 사전신고제도를 규정한 구 '집회 및 시위에 관한 법률' 제6조 제1항 본문 중 '옥외집회'에 관한 부분 및 그 위반시 처벌을 규정한 '집회 및 시위에 관한 법률' 제22조 제2항 중 제6조 제1항 본문 가운데 '옥외집회'에 관한 부분은 죄형법정주의의 명확성원칙과 과잉금지원칙에 위배되지 않는다(2021.6.24. 2018헌마663).

11. 운송사업자로 구성된 협회로 하여금 연합회에 강제로 가입하게 하고 임의로 탈퇴할 수 없도록 하는 '화물자동차 운수사업법' 제50조 제1항은 결사의 자유를 침해한다고 볼 수 없다(2022.2.24. 2018헌가8).

12. 신문의 편집인 등으로 하여금 아동보호사건에 관련된 아동학대행위자를 특정하여 파악할 수 있는 인적 사항 등을 신문 등 출판물에 싣거나 방송매체를 통하여 방송할 수 없도록 하는 '아동학대범죄의 처벌 등에 관한 특례법' 제35조 제2항 중 '아동학대행위자'에 관한 부분은 언론·출판의 자유, 국민의 알 권리를 침해하지 않는다(2022.10.27. 2021헌가4).

13. 사회복무요원의 정당가입금지는 법익의 균형성에도 위배되지 않는다(2021.11.25. 2019헌마534).

14. 정보통신망을 통하여 음란한 화상 또는 영상을 공공연하게 전시하여 유통하는 것을 금지하고 이를 위반하는 자를 처벌하도록 정한 '정보통신망 이용촉진 및 정보보호 등에 관한 법률'은 과잉금지원칙에 위배되어 표현의 자유를 침해하지 않는다(2023.2.23. 2019헌바305).

15. 대한민국을 방문하는 외국의 국가 원수를 경호하기 위하여 지정된 경호구역 안에서 서울종로경찰서장이 안전 활동의 일환으로 청구인들의 삼보일배행진을 제지한 행위 등이 청구인들의 집회 또는 시위의 자유를 침해하였다고 할 수 없다(2021.10.28. 2019헌마1091).

16. **농협중앙회장 선출행위**는 결사 내 업무집행 및 의사결정기관의 구성에 관한 자율적인 활동이라 할 수 있으므로 이는 **결사의 자유의 보호범위에 속한다**. 농업협동조합중앙회회장선거의 관리를 선거관리위원회법에 따른 중앙선거관리위원회에 위탁하도록 한 농업협동조합법은 결사의 자유를 침해한다고 볼 수 없다(2023.5.25. 2021헌바136). * **농협중앙회장 선출행위는 선거권에서 보호되지 않음**

17. 외교기관 인근의 옥외집회 또는 시위를 예외적으로 허용하는 구 '집회 및 시위에 관한 법률'은 헌법 제21조 제2항의 허가제 금지에 위배되지 않는다. 또한 과잉금지원칙에 위반하여 집회의 자유를 침해하지 않는다(2023.7.20. 2020헌바131).

18. 집회 또는 시위의 주최자가 대통령령으로 정하는 기준을 위반한 소음을 발생시키는 것을 금지한 '집회 및 시위에 관한 법률'은 집회의 자유를 침해하지 않는다(2024.3.28. 2020헌바586).

19. 성범죄자의 공개정보를 확인한 자는 공개정보를 활용하여 정보통신망을 이용한 공개 행위를 하여서는 아니 된다고 규정한 '아동·청소년의 성보호에 관한 법률'은 표현의 자유를 침해한다고 할 수 없다(2024.2.28. 2020헌마801).

20. 경찰관서에서 수집한 개인영상정보의 보유기간을 30일로 정한 '경찰청 영상정보처리기기 운영규칙' 제10조 제1항 본문이 해당 영상정보에 대하여 정보공개청구를 한 청구인의 알 권리를 침해하지 아니한다(2024.2.28. 2021헌마40).

18 재산권

보호영역

1. **육아휴직 급여수급권**은 경제적 가치가 있는 권리로서 헌법 제23조에 의하여 보장되는 재산권의 성격도 가지고 있다(2023.2.23. 2018헌바240).

2. 청구인들이 이 사건 주택특별공급을 신청할 수 있는 지위에 있었다고 하더라도 이는 그 자체로 어떠한 확정적인 권리를 취득한 것이 아니라, 이 사건 주택특별공급에 당첨될 수 있을 것이라는 단순한 기대이익을 가진 것에 불과하므로, **행정중심복합도시 예정지역 공급주택의 이전기관 종사자 특별공급 비율 폐지고시**가 청구인들의 재산권을 침해할 가능성은 인정되지 않는다(2022.12.22. 2021헌마902).

3. 택시운송사업자의 영리 획득의 기회나 사업 영위를 위한 사실적·법적 여건은 헌법상 보장되는 재산권에 속하지 아니한다. 따라서 일반택시운송사업에서 운전업무에 종사하는 **근로자의 최저임금에 산입되는 임금의 범위**는 생산고에 따른 임금을 제외한 대통령령으로 정하는 임금으로 하도록 한 최저임금법이 택시운송사업자의 **재산권을 제한한다고 볼 수 없다**(2023.2.23. 2020헌바1).

4. 헌법 제23조 **집합제한 조치로 발생한 손실을 보상하는 규정을 두지 않은** 구 '감염병의 예방 및 관리에 관한 법률'로 청구인들이 소유하는 영업 시설·장비 등에 대한 구체적인 사용·수익 및 처분권한을 제한받는 것은 아니므로, 보상규정의 부재가 청구인들의 재산권을 제한한다고 볼 수 없다(2023.6.29. 2020헌마1669).

헌법 제23조 제3항

1. 통일부장관이 2010.5.24. 발표한 북한에 대한 신규투자 불허 및 진행 중인 사업의 투자확대 금지 등을 내용으로 하는 대북조치는 헌법 제23조 제3항 소정의 재산권의 공용제한에 해당하지 않는다(2022.5.26. 2016헌마95).

2. 토지구획정리사업에 있어 **학교교지를 환지처분의 공고가 있은 다음날에 국가 등에 귀속하게 하되, 유상으로 귀속되도록 한 구 토지구획정리사업법 제63조**는 헌법 제23조 제3항의 수용에 해당하지 않고, 유상조항이 수용에 대한 보상의 의미를 가지는 것도 아니므로, 그 위헌 여부에 관하여 정당한 보상의 원칙에 위배되는지는 문제되지 않는다(2021.4.29. 2019헌바444).

3. 개성공단 전면중단 조치는 공익 목적을 위하여 개별적, 구체적으로 형성된 구체적인 재산권의 이용을 제한하는 **공용 제한이 아니므로**, 이에 대한 정당한 보상이 지급되지 않았다고 하더라도, 그 조치가 헌법 제23조 제3항을 위반하여 개성공단 투자기업인 청구인들의 재산권을 침해한 것으로 볼 수 없다(2022.1.27. 2016헌마364).

4. 가축의 살처분으로 인한 재산권 제약은 헌법 제23조 제3항에 따른 보상을 요하는 수용이 아니며, 사회적 제약의 범위에 속한다. 그러나 가혹한 부담이 발생하는 예외적인 경우에는 보상규정이 필요하다(2024.5.30. 2021헌가3).

5. 통일부장관이 2010.5.24. 발표한 북한에 대한 신규투자 불허 및 진행 중인 사업의 투자확대 금지 등을 내용으로 하는 대북조치로 인해 재산상 손실에 대하여 보상규정을 두어야 할 입법의무가 도출된다고 할 수 없다(2022.5.26. 2016헌마95).

침해인 것

1. '취소사유'는 '처분요건'과 균형이 맞도록 규정되어야 한다. 또한 무죄판결이 확정되기 전이라도 하급심 법원에서 무죄판결이 선고되는 경우에는 그때부터 일정 부분에 대하여 요양급여비용을 지급하도록 할 필요가 있다. 요양기관이 의료법 제33조 제2항을 위반하였다는 사실을 수사기관의 수사 결과로 확인한 경우 공단으로 하여금 해당 요양기관이 청구한 **요양급여비용의 지급을 보류할 수 있도록 규정한** 구 국민건강보험법 제47조의2 제1항은 의료기관 개설자의 재산권을 침해한다(2023.3.23. 2018헌바433). 다만, 이 사건 지급보류조항은 사후적인 부당이득 환수절차의 한계를 보완하고, 건강보험의 재정 건전성이 악화될 위험을 방지하고자 마련된 조항으로서, 사무장병원일 가능성이 있는 요양기관이 일정 기간 동안 요양급여비용을 지급받지 못하는 불이익을 받더라도 이를 두고 유죄의 판결이 확정되기 전에 죄 있는 자에 준하여 취급하는 것이라고 보기 어렵다. 따라서 이 사건 지급보류조항은 무죄추정의 원칙에 위반된다고 볼 수 없다.

유사판례

의료급여기관이 의료법 제33조 제2항을 위반하였다는 사실을 수사기관의 수사 결과로 확인한 경우 시장·군수·구청장으로 하여금 해당 의료급여기관이 청구한 의료급여비용의 지급을 보류할 수 있도록 규정한 **의료급여법** 제11조의5 제1항 중 '의료법 제33조 제2항'에 관한 부분이 의료급여기관 **개설자의 재산권을 침해한다**(2024.6.27. 2021헌가19). * **재판청구권 제한은 아님**

2. 연금 지급을 정지하기 위해서는 '연금을 대체할 만한 소득'이 전제되어야 한다. 지방의회의원이 받는 의정비 중 의정활동비는 의정활동 경비 보전을 위한 것이므로, 연금을 대체할 만한 소득이 있는지 여부는 월정수당을 기준으로 판단하여야 하는데, 월정수당은 지방자치단체에 따라 편차가 크고 안정성이 낮음에도 불구하고 심판대상조항은 연금을 대체할 만한 적정한 소득이 있다고 할 수 없는 경우에도 일률적으로 연금전액의 지급을 정지하여 지급정지제도의 본질 및 취지와 어긋나는 결과를 초래한다. 선출직 공무원으로서 받게 되는 보수가 기존의 연금에 미치지 못하는 경우에도 연금 전액의 지급을 정지하도록 정한 구 공무원연금법 제47조 제1항 제2호 중 '지방의회의원'에 관한 부분은 과잉금지원칙에 위배되어 재산권을 침해한다(2022.1.27. 2019헌바161).

3. 유류분상실사유를 별도로 규정하지 않은 민법 제1112조(**헌법불합치결정**)가 패륜적인 상속인의 유류분을 인정하는 것은 일반 국민의 법감정과 상식에 반한다. 유류분상실사유를 규정하지 않은 것은 불합리하며, 기본권제한입법의 한계를 벗어나 헌법에 위반된다(2024.4.25. 2020헌가4).

4. 피상속인의 형제자매를 유류분권리자로 규정한 부분(위헌결정)이 형제자매는 상속재산 형성에 대한 기여나 상속재산에 대한 기대가 거의 인정되지 않는다. 형제자매에게 유류분을 인정하는 것은 불합리하며, 기본권제한입법의 한계를 벗어나 헌법에 위반된다(2024.4.25. 2020헌가4).

5. 기여분에 관한 민법 제1008조의2를 유류분에 준용하는 규정을 두지 않은 민법 제1118조는, 피상속인을 오랜 기간 부양하거나 상속재산 형성에 기여한 기여상속인이 받은 증여재산을 비기여상속인에게 반환해야 하는 부당한 상황을 초래하고, 피상속인의 기여상속인에 대한 보상 의사를 부정하는 불합리한 결과를 발생시켜 기본권제한입법의 한계를 벗어나 헌법에 위반된다(2024.4.25. 2020헌가4).

6. 살처분된 가축의 소유자가 축산계열화사업자인 경우에는 계약사육농가의 수급권 보호를 위하여 보상금을 계약사육농가에 지급한다고 규정한 '가축전염병 예방법'은 **축산계열화사업자의 재산권을 침해한다**(2024.5.30. 2021헌가3).

침해가 아닌 것

1. 특별관리지역 지정 이전부터 공공주택 특별법 또는 '개발제한구역의 지정 및 관리에 관한 특별조치법'에 따른 적법한 허가 등을 거치지 아니하고 설치하거나 용도변경한 건축물 등에 대한 시정명령을 이행하지 아니한 경우 이행강제금을 부과함에 있어 그 부과기준에 대하여 개발제한구역법 제30조의2 제1항 및 제4항을 준용하는 공공주택 특별법 제6조의5 제2항이 재산권을 침해한다고 할 수 없다(2021.4.29. 2018헌바516).

2. 토지구획정리사업에 있어 학교교지를 환지처분의 공고가 있은 다음 날에 국가 등에 귀속하게 한 귀속조항이 과잉금지원칙에 위배되어 사업시행자의 재산권을 침해한다고 할 수 없다(2021.4.29. 2019헌바444).

3. 경유를 연료로 사용하는 자동차의 소유자로부터 환경개선부담금을 부과·징수하도록 정한 환경개선비용 부담법 제9조 제1항이 과잉금지원칙을 위반하여 경유차 소유자의 재산권을 침해한다고 볼 수 없다(2022.6.30. 2019헌바440).

4. 재혼을 유족연금수급권 상실사유로 규정한 구 공무원연금법 제59조 제1항 제2호 중 '유족연금'에 관한 부분이 재혼한 배우자의 인간다운 생활을 할 권리와 재산권을 침해하였다고 볼 수 없다(2022.8.31. 2019헌가31).

5. 육아휴직 급여를 육아휴직이 끝난 날 이후 12개월 이내에 신청하도록 한 고용보험법 제70조 제2항은 육아휴직 급여수급권자의 인간다운 생활을 할 권리나 재산권을 침해한다고 볼 수 없다(2023.2.23. 2018헌바240).

6. 임대주택 임대사업자로 하여금 특별수선충당금 전부를 적립하도록 규정한 구 임대주택법 제17조는 재산권을 침해하지 아니한다(2023.5.25. 2019헌바132).

7. 개성공단(2022.1.27. 2016헌마364)

가. 피청구인 대통령이 2016.2.10.경 개성공단의 운영을 즉시 전면 중단하기로 결정하고, 피청구인 통일부장관은 피청구인 대통령의 지시에 따라 철수계획을 마련하여 관련 기업인들에게 통보한 다음 개성공단 전면중단 성명을 발표하고, 이에 대응한 북한의 조치에 따라 개성공단에 체류 중인 국민들 전원을 대한민국 영토 내로 귀환하도록 한 일련의 행위로 이루어진 개성공단 전면중단 조치가 헌법소원심판의 대상이 될 수 있다.

나. 국민의 기본권 제한과 직접 관련된 공권력의 행사는 고도의 정치적 고려가 필요한 대통령의 행위라도 <u>국민의 기본권 보장을 사명으로 하는 헌법재판소 본연의 임무이므로, 그 한도에서 헌법소원심판의 대상이 될 수 있다고 보아야 한다. 따라서 이 사건 중단조치에 대한 헌법소원심판이 사법심사가 배제되는 행위를 대상으로 한 것이어서 부적법하다고는 볼 수 없다.</u>

다. <u>헌법 제66조, 정부조직법 제11조도 피청구인 대통령이 관여한 이 사건 중단조치의 헌법적, 법률적 근거가 될 수 있다.</u>

라. <u>이 사건 중단조치가 긴급재정경제처분·명령의 형태로 취해지지 않았다고 하더라도 헌법과 법률에 근거하지 않은 조치라고 볼 수는 없다.</u>

마. 대통령이 개성공단의 운영 중단 결정 과정에서 **국무회의 심의를 거치지 않았더라도** <u>그 결정에 헌법과 법률이 정한 절차를 위반한 하자가 있다거나, 적법절차원칙에 따라 필수적으로 요구되는 절차를 거치지 않은 흠결이 있다고 할 수 없다.</u>

바. 개성공단 전면중단 조치가 과잉금지원칙을 위반하여 청구인들의 영업의 자유와 재산권을 침해하지 아니한다.

사. 개성공단 전면중단 조치가 신뢰보호원칙을 위반하여 청구인들의 영업의 자유와 재산권을 침해하지 아니한다.

8. 유류분은 피상속인의 상속개시 시점에서 가진 재산에 증여재산을 가산하고 채무를 공제하여 산정하되 상속개시 전 1년간의 증여만 산입하고 유류분권리자에 손해를 가할 의도로 한 증여는 1년 전 것도 산입하도록 한 민법이 유류분 산정 기초재산에 산입되는 증여의 범위와 조건부 권리 등의 가격을 정하는 부분은 재산권 침해가 아니므로 헌법에 위반되지 않는다(2024.4.25. 2020헌가4).

9. 유류분 부족분을 원물로 반환하도록 하고, 증여 및 유증을 받은 자가 수인인 경우 각자가 얻은 각각의 가액에 비례하여 반환하도록 하고 유증을 증여보다 먼저 반환하도록 한 민법 제1115조(유류분의 보전), 제1116조(반환의 순서)는 헌법에 위반되지 않는다(2024.4.25. 2020헌가4).

10. 기초생활수급자 또는 임대차보호법상 소액임차인의 청구권을 면책제외채권에 포함시키지 아니한 '채무자 회생 및 파산에 관한 법률'은 재산권을 침해하지 않는다(2024.1.25. 2020헌마727).

11. 인가를 받은 리모델링주택조합이 리모델링 결의에 찬성하지 아니하는 자의 주택 및 토지에 대하여 매도청구를 할 수 있도록 하는 주택법은 재산권을 침해한다고 할 수 없다(2024.5.30. 2020헌바472).

12. 임차인이 계약갱신을 요구할 경우 임대인이 정당한 사유 없이 이를 거절하지 못하도록 한 주택임대차법은 재산권을 침해하지 않는다(2024.2.28. 2020헌마1343).

19 직업의 자유

침해인 것

1. **소송사건의 대리인인 변호사가 수형자를 접견하고자 하는 경우 소송계속 사실을 소명할 수 있는 자료를 제출하도록 규정하고 있는 '형의 집행 및 수용자의 처우에 관한 법률 시행규칙'(2021.10.28. 2018헌마60)**

   가. 직업수행의 자유를 제한하나 접견의 상대방인 수형자의 재판청구권이 제한되는 효과도 함께 고려되어야 하므로, 그 심사의 강도는 일반적인 경우보다 엄격하게 해야 할 것이다.

   나. 심판대상조항은 '집사 변호사' 등의 접견권 남용을 방지하고 수용질서와 규율을 유지하며, 수형자의 변호사접견을 원활하게 하기 위해 정당한 입법목적을 가진다. 그러나 집사 변호사는 불필요한 소송을 제기해 접견권을 이용할 수 있으며, 수형자도 자력이 충분하면 이를 이용할 수 있다. 반면, 진지하게 소송을 준비하는 변호사와 수형자는 충분한 접견이 필요하지만, 심판대상조항은 이를 제한하여 수형자의 재판청구권 행사를 어렵게 한다. 따라서 심판대상조항은 변호사의 접견권 남용 방지에 실효적이지 않으며, **수단의 적합성이 인정되지 않는다.** 이미 시간과 횟수가 제한된 변호사접견과 달리, 변호사접견을 금지하는 심판대상조항은 불필요하게 변호사접견을 제한하며, 문제를 사후적으로 제재할 방법이 이미 마련되어 있다. 소송준비의 필요성과 관계없는 예외 조항들이 있어 침해의 최소성 원칙에 위배된다. 변호사접견 제한으로 인한 공익은 크지 않으며, 변호사와 수형자의 권리가 과도하게 침해된다. 일반접견의 시간과 조건이 변호사접견에 비해 크게 불리하여 수형자의 재판청구권이 심각하게 제한된다.

2. **시설경비업을 허가받은 경비업자로 하여금 허가받은 경비업무 외의 업무에 경비원을 종사하게 하는 것을 금지하고, 이를 위반한 경비업자에 대한 허가를 취소하도록 정하고 있는 경비업법**은 시설경비업무에 종사하는 경비원으로 하여금 경비업무에 전념하게 하여 국민의 생명·신체 또는 재산에 대한 위험을 방지하고자 하는 것으로 입법목적의 정당성 및 수단의 적합성은 인정된다. 그러나 비경비업무의 수행이 경비업무의 전념성을 직접적으로 해하지 아니하는 경우가 있음에도 불구하고, 심판대상조항은 경비업무의 전념성이 훼손되는 정도를 고려하지 아니한 채 경비업자가 경비원으로 하여금 비경비업무에 종사하도록 하는 것을 일률적·전면적으로 금지한다는 점에서는 최소성원칙에 위반하여 직업의 자유를 침해한다(2023.3.23. 2020헌가19).

3. **법무부장관이 2020.11.23.에 한 '코로나19 관련 제10회 변호사시험 응시자 유의사항 등 알림' 중 코로나바이러스감염증-19확진환자의 시험 응시 금지**

이 사건 응시제한은 감염병 확산 방지와 공중보건 확보를 위해 정당한 목적을 가진다. 또한, 확진환자와 다른 응시자 간의 접촉을 차단해 시험의 안정적 운영에 기여하므로 수단의 적합성도 인정된다. 그러나 **확진환자가 의료기관이나 생활치료센터 등에서 시험을 치를 수 있도록 하면 감염병 확산 방지와 응시 기회 보장이 모두 가능하다.** 대학수학능력시험에서도 확진환자 응시를 허용한 사례가 있으므로, 이 대안이 시험 운영에 문제를 일으킨다고 할 수 없다. 따라서 확진환자 응시금지는 피해의 최소성을 충족하지 못한다. 청구인들의 직업선택의 자유를 침해한다(2023.2.23. 2020헌마1736).

4. **집단급식소에 근무하는 영양사의 직무를 규정한 조항인 식품위생법 제52조 제2항을 위반한 자를 처벌하는 식품위생법 제96조(2023.3.23. 2019헌바141)**

5인: 처벌조항은 집단급식소 영양사의 직무를 포괄적으로 규정해 처벌범위가 지나치게 광범위하고 불명확하다. 이는 입법자가 영양사의 직무범위 규정과 처벌 구성요건을 하나의 조항으로 규율하려 했기 때문이며, 구체적인 기준이 부족해 죄형법정주의의 **명확성원칙에 위반된다.**

2인: 처벌조항은 집단급식소 영양사의 직무를 포괄적으로 규정하여, 직무수행조항을 위반하면 형사처벌하도록 하고 있다. 이는 법규범의 의미가 명확하여 예측 가능성을 제공하지만, 형사제재의 필요성이 인정되지 않는 행위까지 처벌대상으로 삼아 과도하다. 결과적으로, 영양사는 경중이나 사회적 해악의 유무에 상관없이 직무를 불이행하면 형사처벌 위험에 노출되며, 이는 **과잉금지원칙에 위반된다.**

> **침해가 아닌 것**

1. **민사재판, 행정재판, 헌법재판 등에서 소송사건의 대리인이 되려고 하는 변호사는 아직 소송대리인으로 선임되기 전이라는 이유로 접촉차단시설이 설치된 장소에서 일반접견의 형태로 수용자를 접견하도록 한 '형의 집행 및 수용자의 처우에 관한 법률 시행령'(2022.2.24. 2018헌마1010)**

   가. 변호사인 청구인의 직업수행의 자유를 제한한다. 변호사인 청구인의 직업수행의 자유를 침해하는지 여부를 판단함에 있어 검토하는 것으로 충분하고, 재판청구권 침해 여부를 따로 판단하지 않는다.

   나. 소송대리인 선임 여부를 확정하는 단계에서 접촉차단시설이 설치된 장소에서의 접견은 의사소통에 큰 지장을 주지 않는다. 소송대리인이 되려는 변호사에게 소송대리인과 동일한 접견을 허용하면 악용될 우려가 있으며, 이미 선임된 소송대리인과의 차이를 고려해 달리 취급할 필요가 있다. 민사·행정 소송사건은 형 집행의 직접적 원인과 관련되지 않아 접견 방법에 특례를 둘 필요가 없다. 따라서 심판대상조항은 변호사의 직업수행의 자유를 침해하지 않는다.

   > **5인의 인용의견**
   > 수용자가 변호사를 소송사건의 대리인으로 선임하는 단계는 재판 준비의 출발점으로, 충분한 정보 제공과 의사소통, 비밀유지가 필요하다. 그러나 심판대상조항은 접촉차단시설이 설치된 장소에서 접견하도록 해 의사소통과 비밀유지를 제한, 수용자의 효율적 권리구제와 변호사의 업무활동을 방해한다. 특히 수용자가 교정시설을 상대로 소송을 제기할 때, 접촉차단시설로 인한 문서 송부는 비밀유지에 문제를 일으킬 수 있다. 따라서 심판대상조항은 과잉금지원칙에 반해 변호사의 직업수행의 자유를 침해한다.

2. 변호사의 자격이 있는 자에게 더 이상 세무사 자격을 부여하지 않는 구 세무사법은 직업선택의 자유를 침해한다고 볼 수 없다(2021.7.15. 2018헌마27).

3. 변호사시험에 응시하려는 사람이 납부하여야 할 응시 수수료를 일률적으로 20만 원으로 정하고 있는 변호사시험법 시행규칙은 직업의 자유를 침해하지 않는다(2021.10.28. 2020헌마1283).

4. **안경사면허를 가진 자연인에게만 안경업소의 개설 등을 할 수 있도록 한 구 의료기사 등에 관한 법률(2021.6.24. 2017헌가31)**

   가. 자연인 안경사와 법인의 직업의 자유를 제한한다. 사안과 가장 밀접한 관계에 있고 또 침해의 정도가 큰 주된 기본권인 직업의 자유 침해 여부를 심사하는 이상 결사의 자유 침해 여부는 별도로 판단하지 않는다.

   나. 안경업소 개설을 자연인 안경사로 한정하는 것은 국민 보건, 안경사 업무의 전문성, 고객과의 신뢰 구축을 위해 필요하다. 법인 안경업소 허용 시 무면허자 고용, 서비스 질 하락, 독과점으로 인한 문제 발생 우려가 있으며, 안경사들은 협동조합 등으로 조직화 효과를 누릴 수 있다. 따라서 심판대상조항은 과잉금지원칙에 반하지 않으며, 직업의 자유를 침해하지 않는다.

> **5인의 불합치의견**
>
> 심판대상조항은 안경사 자격을 가진 자연인에게만 안경업소 개설을 허용하고 법인 형태의 안경업소 개설을 금지하고 있다. 그러나 법인 허용 시 우려되는 지나친 영리추구나 무면허자에 의한 부정적 효과는 개설 주체보다는 안경사의 전문성과 책임성 유지 여부에 달려 있다. 안경사들로만 구성된 법인 형태의 안경업소 개설을 허용하지 않는 것은 직업의 자유에 대한 필요 이상의 제한이며, 침해의 정도가 상당하여 과잉금지원칙에 반한다.

[비교판례]

약사법 제16조 제1항은 자연인 약사만이 약국을 개설할 수 있도록 규정해 약사가 아닌 자연인 및 일반법인은 물론, **약사들로만 구성된 법인의 약국 설립도 금지하고 있다.** 국민의 보건을 위해 약을 취급하고 판매하는 사람은 반드시 약사여야 하지만, 약국 개설과 운영을 자연인 약사에게만 허용할 합리적 이유는 없다. 법인의 설립은 직업선택의 자유의 본질적 부분이므로, 정당한 이유 없이 약사들만으로 구성된 법인에게 약국 개설을 금지하는 것은 과도한 제한으로 직업선택의 자유와 결사의 자유를 침해한다. 변호사, 공인회계사 등 다른 전문직과 달리 약사에게만 이를 금지하는 것은 평등권을 침해하는 것이다(2002.9.19. 2000헌바84).

5. 의료인의 의료기관 중복 개설을 금지하는 의료법이 의료인의 직업수행의 자유를 침해한다고 볼 수 없다(2021.6.24. 2019헌바342).

[비교판례]

의사와 한의사의 복수면허를 가진 의료인의 복수병원금지는 복수면허 의료인의 직업의 자유를 침해한다(2007.12.27. 2004헌마1021).

6. 주류 판매업면허를 받은 자가 타인과 동업 경영을 하는 경우 관할 세무서장이 해당 주류 판매업자의 면허를 필요적으로 취소하도록 한 구 주세법은 판매면허업자의 직업의 자유를 침해하지 않는다(2021.4.29. 2020헌바328).

7. **지역아동센터 시설별 신고정원의 80% 이상을 돌봄취약아동으로 구성하도록** 정한 '2019년 지역아동센터 지원 사업안내'는 과잉금지원칙을 위반하여 청구인 운영자들의 직업수행의 자유 및 청구인 아동들의 인격권을 침해하지 않는다(2022.1.27. 2019헌마583).

8. 교육환경보호구역 중 절대보호구역으로 설정·고시할 지역에 관하여 규정한 '교육환경 보호에 관한 법률'과 숙박업과 호텔 금지조항은 과잉금지원칙을 위반하여 교육환경보호구역 내에서 휴양콘도미니엄을 신축하여 영업하려는 자의 직업수행의 자유 및 재산권을 침해하지 아니한다(2022.8.31. 2020헌바307).

9. 누구든지 약사법 제42조 제1항을 위반하여 수입된 의약품을 판매하거나 판매할 목적으로 저장 또는 진열하여서는 아니 된다고 규정한 구 약사법은 과잉금지원칙에 위배되어 직업수행의 자유를 침해하지 아니한다(2022.10.27. 2020헌바375).

10. 폐기물처리업자로 하여금 환경부령으로 정하는 바에 따라 폐기물을 허가받은 사업장 내 보관시설이나 승인받은 임시보관 시설 등 적정한 장소에 보관하도록 하고, 이를 위반할 경우 형사처벌하도록 한 폐기물관리법이 과잉금지원칙에 위반되어 폐기물처리업자의 직업의 자유를 침해한다고 할 수 없다(2023.2.23. 2020헌바504).

11. 위생안전기준 적합 여부에 대하여 수도법상 인증을 받은, 물에 접촉하는 수도용 제품이 수도법상 정기검사 기준에 적합하지 아니한 경우 환경부장관이 그 인증을 필요적으로 취소하도록 하는 수도법이 과잉금지원칙에 위반되어 수도용 제품 제조업자의 직업수행의 자유를 침해한다고 할 수 없다(2023.2.23. 2021헌바179).

12. 경비업자가 시설경비업무 또는 신변보호업무 중 집단민원현장에 일반경비원을 배치하는 경우 경비원을 배치하기 48시간 전까지 배치허가를 신청하고 허가를 받도록 정한 경비업법 제18조 제2항은 과잉금지원칙을 위반하여 경비업자의 직업수행의 자유를 침해하지 않는다(2023.2.23. 2018헌마246).

13. 행정사로 하여금 그 사무소 소재지를 관할하는 특별시장·광역시장·특별자치시장·도지사·특별자치도지사가 시행하는 연수교육을 받도록 하는 행정사법 제25조 제3항이 청구인의 직업의 자유를 침해한다고 할 수 없다(2023.3.23. 2021헌마50).

14. 어린이집 원장 또는 보육교사가 아동학대관련범죄로 처벌을 받은 경우 행정청이 재량으로 그 자격을 취소할 수 있도록 정한 영유아보육법 제48조 제1항 제3호 중 '아동복지법 제17조 제5호를 위반하여 아동복지법 제71조 제1항 제2호에 따라 처벌받은 경우'에 관한 부분이 직업선택의 자유를 침해한다고 할 수 없다(2023.5.25. 2021헌바234).

15. 동물약국 개설자가 수의사 또는 수산질병관리사의 처방전 없이 판매할 수 없는 동물용의약품을 규정한 '처방대상 동물용의약품 지정에 관한 규정' 제3조는 동물약국 개설자인 청구인들의 직업수행의 자유를 침해하지 아니한다(2023.6.29. 2021헌마199).

16. 문화체육관광부장관이 정부광고 업무를 한국언론진흥재단에 위탁하도록 한, '정부기관 및 공공법인 등의 광고시행에 관한 법률 시행령' 제6조 제1항이 광고대행업에 종사하는 청구인들의 직업수행의 자유를 침해한다고 볼 수 없다(2023.6.29. 2019헌마227).

17. 공기업 등으로부터 입찰참가자격제한처분을 받은 자가 국가 중앙관서나 다른 공기업 등이 집행하는 입찰에 참가할 수 없도록 한 구 '국가를 당사자로 하는 계약에 관한 법률 시행령'이 과잉금지원칙에 위배하여 직업수행의 자유를 침해한다고 볼 수 없다(2023.7.20. 2017헌마1376).

18. 금고 이상의 형의 집행유예선고를 받고 그 유예기간 중에 있는 자는 특수경비원이 될 수 없다고 규정한 구 경비업법은 과잉금지원칙에 위배하여 특수경비원의 직업의 자유를 침해한다고 볼 수 없다(2023.6.29. 2021헌마157).

19. 간행물 판매자에게 정가 판매 의무를 부과하고, 가격할인의 범위를 가격할인과 경제상의 이익을 합하여 정가의 15퍼센트 이하로 제한하는 출판문화산업진흥법은 과잉금지원칙에 위배되어 청구인의 직업의 자유를 침해한다고 볼 수 없다(2023.7.20. 2020헌마104).

20. 사회복지사업법을 위반하여 100만 원 이상의 벌금형을 선고받고 그 형이 확정된 후 5년이 지나지 아니한 사람에 해당하는 경우 사회복지법인 임원의 자격을 상실하도록 규정한 구 사회복지사업법 제19조 제2항 중 제1항 제1호의7 가목 가운데 '이 법을 위반하여'에 관한 부분이 직업선택의 자유를 침해한다고 볼 수 없다(2023.9.26. 2021헌바240).

21. 공기업이 공기업의 업무를 수행하던 비정규직 근로자를 정규직 근로자로 고용한 공기업의 자회사와 수의계약을 체결할 수 있도록 한 '공기업·준정부기관 계약사무규칙'은 과잉금지원칙에 위배하여 직업수행의 자유를 침해하지 않는다(2023.10.26. 2019헌마871).

22. 생활폐기물 수집·운반 대행계약과 관련하여 뇌물공여, 사기 등 범죄를 범하여 일정한 형을 선고받은 자를 3년간 대행계약 대상에서 제외하도록 규정한 폐기물관리법 제14조 제8항 제7호는 과잉금지원칙에 위배되어 청구인의 직업수행의 자유를 침해하지 않는다(2023.12.21. 2020헌바189).

23. 시장·군수·구청장이 지방자치단체의 조례로 정하는 바에 따라 일정한 구역을 지정·고시하여 가축의 사육을 제한할 수 있도록 한 '가축분뇨의 관리 및 이용에 관한 법률' 제8조 제1항 본문은 과잉금지원칙에 위배되지 아니한다(2023.12.21. 2020헌바374).

24. 개업공인중개사로 하여금 법정 중개보수를 초과하여 금품을 받는 행위를 금지한 공인중개사법이 과잉금지원칙이나 책임과 형벌 간의 비례원칙을 위반하여 청구인의 직업수행의 자유를 침해하지 않는다(2024.1.25. 2021헌마1446).

25. 시내버스운송사업자가 사업계획 가운데 운행대수 또는 운행횟수를 증감하려는 때에는 국토교통부장관 또는 시·도지사의 인가를 받거나 신고하도록 하고 이를 위반한 경우 처벌하는 '여객자동차 운수사업법'이 과잉금지원칙에 위배되어 시내버스운송사업자의 직업수행의 자유를 침해하지 아니한다(2024.1.25. 2020헌마1144).

26. 생활폐기물 수집·운반 대행계약과 관련하여 뇌물공여, 사기 등 범죄를 범하여 일정한 형을 선고받은 자를 3년간 대행계약 대상에서 제외하도록 규정한 폐기물관리법은 청구인의 직업수행의 자유를 침해한다고 볼 수 없다(2023.12.21. 2020헌바189).

27. 정비구역에서 지역주택조합의 조합원 모집을 금지하고 이를 위반한 자는 1년 이하의 징역 또는 1천만 원 이하의 벌금에 처하도록 하는 '도시 및 주거환경정비법'은 일반적 행동자유권 및 직업수행의 자유를 침해하지 않는다(2024.1.25. 2020헌바370).

28. 시장·군수·구청장이 지방자치단체의 조례로 정하는 바에 따라 일정한 구역을 지정·고시하여 가축의 사육을 제한할 수 있도록 한 '가축분뇨의 관리 및 이용에 관한 법률' 제8조 제1항은 과잉금지원칙에 위배되지 않는다(2023.12.21. 2020헌바374).

29. 대학·산업대학의 간호학과나 전문대학의 간호과 재학 중 일정한 교직학점을 취득한 경우에만 보건교사가 될 수 있도록 한 초·중등교육법 제21조 제2항 별표 2 중 '보건교사(2급)'은 청구인의 직업선택의 자유를 침해하지 않는다(2024.3.28. 2020헌마915).

30. 국민권익위원회 심사보호국 소속 5급 이하 7급 이상의 일반직공무원으로 하여금 퇴직일부터 3년간 취업심사대상기관에 취업할 수 없도록 한 공직자윤리법은 청구인의 직업선택의 자유를 침해하지 않는다(2024.3.28. 2020헌마1527).

31. **주 52시간 상한을 규정한 근로기준법(2024.2.28. 2019헌마500)**

    가. 주 52시간 상한제조항이 본안 청구인들의 계약의 자유와 청구인 이◇◇의 직업의 자유를 침해하는지 여부가 문제된다.

    나. 주 52시간 상한을 규정한 근로기준법은 **재산권 침해문제가 아니다.**

    다. 주 52시간 상한을 규정한 근로기준법은 **근로의 권리 침해는 문제되지 않는다.**

    라. 주 52시간 상한제조항 자체가 청구인들의 신체의 자유를 제한하는 것은 아니다.

    마. 상시 5명 이상 근로자를 사용하는 사업주인 청구인의 계약의 자유와 직업의 자유, 근로자인 청구인들의 계약의 자유를 침해하지 않는다.

32. '놀이형 인형뽑기'를 '안전성검사 대상이 아닌 유기시설·유기기구'에서 제외한 관광진흥법 시행규칙 제40조 제1항 [별표 11] 제2호 나목 1) 라)(이하 '이 사건 제외조항'이라 한다)와 종전 규정에 따라 '놀이형 인형뽑기'를 설치·운영한 유원시설업자에 대하여 2017.12.31.까지 유예기간을 두고 있는 관광진흥법 시행규칙 부칙 제3조 제3항

    이 사건 시행규칙조항은 구 관광진흥법 제33조 제1항의 위임에 따라 제정된 것으로 법률상 근거가 있다. '게임산업진흥에 관한 법률'(이하 '게임산업법'이라 한다)상 게임물도 사전적 의미로서의 유기시설·유기기구의 범주에 속하나 그 고유한 특성으로 인해 게임산업법의 규율을 받는데, 게임산업법은 사행성 조장이나 게임과몰입·중독을 막기 위한 여러 규정들을 두고 있는바, 구 관광진흥법 제33조 제1항에 따라 문화체육관광부령으로 정해질 관광진흥법의 규율대상이 되는 유기시설·유기기구는 사행성 조장의 문제가 없는 유기시설·유기기구로 정해질 것이라는 점을 예측할 수 있다. 사행성 조장 또는 게임과몰입·중독 등의 문제를 유발할 우려가 있는 '놀이형 인형뽑기'를 '안전성검사 대상이 아닌 유기시설·유기기구'에서 삭제하고, 그에 관한 경과조치를 규정한 이 사건 시행규칙조항은 모법의 위임범위 내에서 규정된 것으로서 위임입법한계를 일탈하였다고 볼 수 없다. 따라서 이 사건 시행규칙조항이 법률유보원칙을 위반하여 청구인의 직업수행의 자유를 침해한다고 볼 수 없다.
    이 사건 시행규칙조항은 '놀이형 인형뽑기'를 게임산업법상 게임물로 일원화하여 관광진흥법에 따른 유원시설업과 게임산업법에 따른 게임제공업 중 어느 업종으로 관리하여야 하는지에 대한 관할 관청의 혼선을 해소하고, '놀이형 인형뽑기' 영업 규제를 강화함으로써 청소년 등의 피해를 예방하기 위한 것으로서 목적의 정당성 및 수단의 적합성이 인정된다. 이 사건 부칙조항은 종전의 규정에 따라 '놀이형 인형뽑기'를 설치·운영하는 기존 유원시설업자에게 2017.12.31.까지 유예기간을 부여하였고, 경과규정에 따른 조치를 취하는 데에 짧은 시간이 부여된 것으로 보이지 않는다. '놀이형 인형뽑기'를 게임산업법상 게임물로 일원화하는 외에 이 사건 시행규칙조항과 동일한 정도로 입법목적을 달성하면서도 유원시설업자의 기본권을 덜 제한하는 입법대안을 상정하기 어렵다. 따라서 이 사건 시행규칙조항이 과잉금지원칙을 위반하여 청구인의 직업수행의 자유를 침해한다고 볼 수 없다(2022.9.29. 2018헌마755).

20 선거제도

> **침해인 것**

1. 재외투표기간 개시일 이후 귀국한 재외선거인에 대해 국내에서 **선거일에 투표할 수 있도록 하는 절차를 마련하지 아니한** 공직선거법 제218조의16은 청구인의 선거권을 침해한다(2022.1.27. 2020헌마895).

2. 선거운동기간 전에 **개별적으로 대면하여 말로 하는 선거운동을 금지한** 구 공직선거법 제59조 부분이 과잉금지원칙에 반하여 선거운동 등 정치적 표현의 자유를 침해한다(2022.2.24. 2018헌바146).

3. 누구든지 선거일 전 180일(보궐선거등에서는 그 선거의 실시사유가 확정된 때)부터 선거일까지 선거에 영향을 미치게 하기 위한 **벽보 게시, 인쇄물 배부·게시를 금지하는** 공직선거법 제93조 제1항 본문 중 '벽보 게시, 인쇄물 배부·게시'에 관한 부분 및 이에 위반한 경우 처벌하는 공직선거법 제255조 제2항 제5호 중 '제93조 제1항 본문의 벽보 게시, 인쇄물 배부·게시'에 관한 부분이 정치적 표현의 자유를 침해한다(2022.7.21. 2017헌바100).

4. 일정기간 선거에 영향을 미치게 하기 위한 광고, **문서·도화의 첩부·게시를 금지하는** 공직선거법 제93조 제1항 본문 중 '광고, 문서·도화 첩부·게시'에 관한 부분 및 이에 위반한 경우 처벌하는 공직선거법 제255조 제2항 제5호 중 '제93조 제1항 본문의 광고, 문서·도화 첩부·게시'에 관한 부분이 정치적 표현의 자유를 침해한다(2022.7.21. 2018헌바357).

5. 선거일 전 180일부터 선거일까지 선거에 영향을 미치게 하기 위하여 선거에 영향을 미치게 하기 위한 **광고물의 설치·진열·게시나 표시물의 착용을 금지하는** 공직선거법 제90조 제1항 제1호는 정치적 표현의 자유를 침해한다(2022.7.21. 2017헌가1).

6. 선거운동기간 중 **어깨띠 등 표시물을 사용한 선거운동을 금지한** 공직선거법 제68조 제2항 및 이에 위반한 경우 처벌하는 같은 법 제255조 제1항 제5호는 정치적 표현의 자유를 침해한다(2022.7.21. 2017헌가4).

7. 선거일 전 180일부터 선거에 영향을 미치게 하기 위한 인쇄물 살포금지는 정치적 표현의 자유를 침해한다(2023.3.23. 2023헌가4).

8. 선거일 전 180일부터 선거일까지 선거에 영향을 미치게 하기 위한 **현수막, 그 밖의 광고물의 게시를 금지하는** 공직선거법 제90조 제1항 제1호는 정치적 표현의 자유를 침해한다(2022.7.21. 2018헌바357).

9. 선거기간 중 **선거에 영향을 미치게 하기 위한 그 밖의 집회나 모임의 개최를 금지하는** 공직선거법 제103조는 집회의 자유, 정치적 표현의 자유를 침해한다(2022.7.21. 2018헌바357).

10. 당내경선은 공직선거 자체와는 구별되는 정당 내부의 자발적인 의사결정에 해당하고, 경선운동은 원칙적으로 공직선거에서의 당선 또는 낙선을 위한 행위인 선거운동에 해당하지 않는다. 따라서 당내경선의 형평성과 공정성을 담보하기 위해서 국가가 개입하여야 하는 정도가 공직선거와 동등하다고 보기 어려우므로, 심판대상조항이 과잉금지원칙에 반하는지 여부를 판단할 때에는 엄격한 심사기준이 적용되어야 한다. 광주광역시 광산구 시설관리공단의 **상근직원**이 당원이 아닌 자에게도 투표권을 부여하는 당내경선에서 경선운동을 할 수 없도록 금지·처벌하는 공직선거법이 정치적 표현의 자유를 침해한다(2021.4.29. 2019헌가11).

11. **서울교통공사의 상근직원**이 당원이 아닌 자에게도 투표권을 부여하는 당내경선에서 경선운동을 할 수 없도록 하고 위반행위를 처벌하는 공직선거법은 정치적 표현의 자유를 침해한다(2022.6.30. 2021헌가24).

12. **한국철도공사의 상근직원에 대하여 선거운동을 금지**하고 이를 위반한 경우 처벌하도록 규정한 공직선거법 제60조 제1항 제5호는 선거운동의 자유를 침해한다(2018.2.22. 2015헌바124).

13. **지방공사 상근직원의 선거운동을 금지**하고, 이를 위반한 자를 처벌하는 구 공직선거법은 선거운동의 자유를 침해한다(2024.1.25. 2021헌가14).

14. **안성시시설관리공단의 상근직원**이 당원이 아닌 자에게도 투표권을 부여하는 **당내경선에서 경선운동을 할 수 없도록** 금지·처벌하는 공직선거법은 과잉금지원칙에 반하여 정치적 표현의 자유를 침해한다(2022.12.22. 2021헌가36).

15. **후보자 비방을 금지한 공직선거법 제251조**는 표현의 자유를 침해한다(2024.6.27. 2023헌바78).

침해가 아닌 것

1. **농업협동조합법·수산업협동조합법에 의하여 설립된 조합의 상근직원에 대하여 선거운동을 금지하는 구 공직선거법 제60조**

    선거의 형평성과 공정성을 확보하기 위해 협동조합 상근직원의 선거운동을 금지하는 것은 정당한 목적과 적합한 수단을 갖추고 있다. 협동조합 상근직원이 선거운동을 할 경우 선거의 공정성과 형평성이 저해될 우려가 있다. 공직선거법 및 관련 법률의 규정만으로는 선거의 공정성을 충분히 확보하기 어렵다. 상근직원은 여전히 일정 범위 내에서 정치적 의사를 표현할 수 있어 침해의 최소성과 법익의 균형성이 충족된다. 심판대상조항은 과잉금지원칙에 반하지 않으며, 선거운동의 자유를 침해하지 않는다(2022.11.24. 2020헌마417).

> **5인의 인용의견**
>
> 협동조합은 공법인적 특성을 일부 가지지만, 자주적 단체로서 사법인에 가깝고, 상근직원의 직무는 일반 사기업 직원의 직무와 다르지 않다. 상근직원에게 정치적 중립성이 요구되지 않으며, 선거운동에 부당하게 동원될 권력적 요소가 없다. 모든 상근직원의 선거운동을 일률적으로 금지하는 것은 선거운동의 자유를 과도하게 제한한다. 심판대상조항은 과잉금지원칙에 반하여 선거운동의 자유를 침해한다.

2. 공개장소에서의 연설·대담장소 또는 대담·토론회장에서 연설·대담·토론용으로 사용하는 경우를 제외하고는 선거운동을 위하여 확성장치를 사용할 수 없도록 한 공직선거법은 정치적 표현의 자유를 침해한다고 할 수 없다(2022.7.21. 2017헌바100).

3. 정당이 당원과 당원이 아닌 자에게 투표권을 부여하여 실시하는 당내경선에서 허용되는 경선운동방법을 한정하고, 이를 위반하여 경선운동을 한 자를 처벌하는 공직선거법은 과잉금지원칙을 위반하여 경선후보자 등 당내경선운동을 하려는 사람의 정치적 표현의 자유를 침해한다고 할 수 없다(2022.10.27. 2021헌바125).

4. 누구든지 이 법의 규정에 의한 공개장소에서의 연설·대담장소에서 기타 어떠한 방법으로도 연설·대담장소 등의 질서를 문란하게 하는 행위를 금지한 공직선거법 제104조가 과잉금지원칙에 위배되어 정치적 표현의 자유를 침해한다고 보기 어렵다(2023.5.25. 2019헌가13).

5. 준연동형 비례대표제를 규정한 공직선거법 제189조 제2항은 직접선거원칙과 평등선거원칙에 위배되지 않는다(2023.7.20. 2019헌마1443).

6. 사전투표관리관이 투표용지의 일련번호를 떼지 아니하고 선거인에게 교부하도록 정한 공직선거법 제158조 제3항 중 '일련번호를 떼지 아니하고' 부분은 선거권을 침해하지 않는다(2023.10.26. 2022헌마231).

7. 사전투표관리관이 투표용지에 자신의 도장을 찍는 경우 도장의 날인을 인쇄날인으로 갈음할 수 있도록 한 공직선거관리규칙 제84조 제3항 중 '사전투표관리관이 투표용지에 자신의 도장을 찍는 경우 도장의 날인은 인쇄날인으로 갈음할 수 있다' 부분은 입법형성권의 한계를 일탈하여 선거권을 침해하지 않는다(2023.10.26. 2022헌마232).

8. 후보자가 되고자 하는 자가 당해 선거구 안에 있는 단체 등에 기부행위를 하는 경우 처벌하는 공직선거법 제113조 제1항은 죄형법정주의의 명확성원칙 또는 과잉금지원칙에 위배되어 선거운동의 자유를 침해하지 않는다(2021.2.25. 2018헌바223).

9. 18세 미만의 미성년자는 선거운동을 할 수 없도록 정한 공직선거법은 선거운동의 자유를 침해하지 않는다(2024.5.30. 2020헌마1743).

10. 누구든지 종교적인 기관·단체 등의 조직 내에서의 직무상 행위를 이용하여 그 구성원에 대하여 선거운동을 하거나 하게 할 수 없도록 한 공직선거법은 정치적 표현의 자유를 침해하지 않는다(2024.1.25. 2021헌바233).

11. 후보자에 대한 허위사실공표금지한 공직선거법 제250조 제2항은 정치적 표현의 자유를 침해하지 않는다(2024.6.27. 2023헌바78).

21 공무담임권

보호영역

1. 서울교통공사의 직원이라는 직위는 헌법 제25조가 보장하는 공무담임권의 보호영역인 '공무'의 범위에는 해당하지 않는다(2021.2.25. 2018헌마174).

2. 관세직 국가공무원의 선발예정인원을 정한 인사혁신처 공고조항은 청구인의 기본권을 침해할 가능성이 없다(2023.2.23. 2019헌마401).

침해인 것

1. '아동·청소년의 성보호에 관한 법률' 제2조 제2호에 따른 아동·청소년대상 성범죄에 해당하는 죄를 저질러 파면·해임되거나 형 또는 치료감호를 선고받아 그 형 또는 치료감호가 확정된 사람(집행유예를 선고받은 후 그 집행유예기간이 경과한 사람을 포함한다)은 공무원으로 임용될 수 없도록 한 국가공무원법 제33조 제6호의4는 과잉금지원칙에 위반되어 청구인의 공무담임권을 침해한다(2022.11.24. 2020헌마11).

2. 아동·청소년이용음란물임을 알면서 이를 소지한 죄로 형을 선고받아 그 형이 확정된 사람은 국가공무원법 제2조 제2항 제1호의 일반직공무원으로 임용될 수 없도록 한 국가공무원법 제33조 제6호의4 나목은 공무담임권을 침해한다(2023.6.29. 2020헌마1605).

3. 피성년후견인이 된 경우 당연퇴직되도록 한 구 국가공무원법 제69조는 과잉금지원칙에 반하여 공무담임권을 침해한다(2022.12.22. 2020헌가8).

침해가 아닌 것

1. 경북대학교 총장임용후보자선거의 후보자로 등록하려면 3,000만 원의 기탁금을 납부하고 후보자등록신청시 기탁금납부영수증을 제출하도록 정한 '경북대학교 총장임용후보자 선정 규정' 제20조 제1항 및 제26조 제2항 제7호(이하 두 조항을 합하여 '이 사건 기탁금납부조항'이라 한다)는 청구인의 공무담임권을 침해하지 아니한다(2022.5.26. 2020헌마1219).

2. 제1차 투표에서 유효투표수의 100분의 15 이상을 득표한 경우에는 기탁금 전액을, 100분의 10 이상 100분의 15 미만을 득표한 경우에는 기탁금 반액을 반환하고, 반환되지 않은 기탁금은 경북대학교발전기금에 귀속하도록 정한 '경북대학교 총장임용후보자 선정 규정'은 청구인의 재산권을 침해하지 않는다(2022.5.26. 2020헌마1219).

비교판례

대구교육대학교 총장임용후보자선거 후보자가 제1차 투표에서 최종 환산득표율의 100분의 15 이상을 득표한 경우에만 기탁금의 반액을 반환하도록 하고 반환하지 않는 기탁금은 대학 발전기금에 귀속되도록 규정한 '대구교육대학교 총장임용후보자 선정 규정' 제24조 제2항이 과잉금지원칙에 위배되어 청구인의 재산권을 침해한다(2021.12.23. 2019헌마825). 기탁금 납부는 공무담임권을 제한하나 기탁금 반환기준 또는 국고귀속기준은 재산권 제한의 문제이다.

3. 교육부 및 그 소속기관에서 근무하는 교육연구사 선발에 수석교사가 응시할 수 없도록 응시 자격을 제한한 교육부장관의 '2017년도 교육전문직 선발 계획 공고'가 과잉금지원칙에 위배되어 청구인들의 공무담임권을 침해한다고 할 수 없다(2023.2.23. 2017헌마604).

4. 피청구인이 2020.7.9. 공고한 '2021년도 검사임용 지원 안내' 중 '② 임용 대상' 가운데 '1. 신규임용'에서 변호사자격을 취득하고 2021년 사회복무요원 소집해제 예정인 사람을 제외한 부분이 '법학전문대학원 졸업연도에 실시된 변호사시험에 불합격하여 사회복무요원으로 병역의무를 이행하던 중 변호사자격을 취득하고 2021년 소집해제 예정인 사람'인 청구인의 공무담임권을 침해하지 않는다(2021.4.29. 2020헌마999).

5. 변호사, 공인회계사, 관세사에 대한 가산비율 5%를 부여하는 구 공무원임용시험령은 공무담임권을 침해하지 아니한다(2023.2.23. 2019헌마401).

22 청구권

> **침해인 것**

1. 위원회의 보상금 지급결정에 동의하면 재판상 화해 성립으로 인정하는 **광주민주화운동 관련자 보상 등에 관한 법률**이 보상금 등의 성격과 중첩되지 않는 정신적 손해에 대한 국가배상청구권의 행사까지 금지하는 것은 국가배상청구권을 침해한다 (2021.5.27. 2019헌가17).

2. 촬영한 영상물에 수록된 피해자의 진술은 공판준비기일 또는 공판기일에 피해자나 조사 과정에 동석하였던 신뢰관계에 있는 사람 또는 진술조력인의 진술에 의하여 그 성립의 진정함이 인정된 경우에 증거로 할 수 있도록 한 성폭력범죄의 처벌 등에 관한 특례법은 과잉금지원칙을 위반하여 청구인의 공정한 재판을 받을 권리를 침해한다(2021.11.25. 2019헌마534).

3. 헌법재판소는 2012.12.27. 2011헌바117 결정에서 "형법 제129조 제1항의 '공무원'에 구 '제주특별자치도 설치 및 국제자유도시 조성을 위한 특별법' 제299조 제2항의 제주특별자치도통합영향평가심의위원회 심의위원 중 위촉위원이 포함되는 것으로 해석하는 한 헌법에 위반된다."는 한정위헌결정을 하였다. 이는 형벌 조항의 일부가 헌법에 위반되어 무효라는 내용의 일부위헌결정으로, 법 제75조 제6항, 제47조 제1항에 따라 법원과 그 밖의 국가기관 및 지방자치단체에 대하여 기속력이 있다.
그런데 이 사건 재심기각결정들은 이 사건 한정위헌결정의 기속력을 부인하여 헌법재판소법에 따른 청구인들의 재심청구를 기각하였다. 따라서 이 사건 재심기각결정들은 모두 '법률에 대한 위헌결정의 기속력에 반하는 재판'으로 이에 대한 헌법소원은 허용되고 청구인들의 헌법상 보장된 재판청구권을 침해하였으므로, 법 제75조 제3항에 따라 취소되어야 한다. 다만, 재판에 적용된 법률조항에 대하여 이 사건 한정위헌결정이 이루어지기 전에 확정된 청구인들에 대한 유죄판결은 법률에 대한 위헌결정의 기속력에 반하는 재판이라고 볼 수 없으므로 이에 대한 심판청구는 부적법하다(2022.6.30. 2014헌마760).

4. 원판결의 근거가 된 가중처벌규정에 대하여 헌법재판소의 위헌결정이 있었음을 이유로 개시된 재심절차에서, 공소장의 교환적 변경을 통해 위헌결정된 가중처벌규정보다 법정형이 가벼운 처벌규정으로 적용법조가 변경되어 피고인이 무죄판결을 받지는 않았으나 원판결보다 가벼운 형으로 유죄판결이 확정됨에 따라 원판결에 따른 구금형 집행이 재심판결에서 선고된 형을 초과하게 된 경우, **재심판결에서 선고된 형을 초과하여 집행된 구금에 대하여 보상요건을 규정하지 아니한 '형사보상 및 명예회복에 관한 법률'** 제26조 제1항은 **평등원칙을 위반하여 청구인들의 평등권을 침해한다**(2022.2.24. 2018헌마998).

5. 비용보상청구권의 제척기간을 무죄판결이 확정된 날부터 6개월 이내로 규정한 구 군사법원법 제227조의12 제2항에 대해 4인은 재판청구권 및 재산권 침해라고 하고, 4인 평등권 침해라고 하였다(2023.8.31. 2020헌바252). * **구금을 요건으로 하지 않은 비용보상은 헌법 제28조의 형사보상청구권에서 보호되지 않음**

   비교판례 1
   비용보상청구권의 제척기간을 무죄판결이 확정된 날부터 6개월로 규정한 구 형사소송법은 재판청구권 및 재산권을 침해하지 않는다(2015.4.30. 2014헌바408).

   비교판례 2
   형사보상의 청구는 무죄재판이 확정된 때로부터 1년 이내에 하도록 규정하고 있는 형사보상법 제7조는 헌법 제28조의 **형사보상청구권**을 침해한다(2010.7.29. 2008헌가4).

6. 상속회복청구권은 상속권의 침해를 안 날 3년, 침해행위가 있은 날부터 10년을 경과하면 소멸된다고 규정한 민법 제999조 중 10년 부분은 청구인의 재산권 및 재판청구권을 침해한다(2024.6.27. 2021헌마1588).

7. **직계혈족, 배우자, 동거친족, 동거가족 또는 그 배우자 간의 제323조(권리행사방해의 죄)는 그 형을 면제하도록 한 형법 제328조 제1항(2024.6.27. 2020헌마468)**

   가. 형사피해자의 재판절차진술권에 관한 헌법 제27조 제5항이 정한 법률유보는 이른바 기본권 형성적 법률유보에 해당한다.

   나. 심판대상조항이 **명백히 불합리하여 형사피해자의 재판절차진술권을 침해하는지 여부를 살펴본다.**

   다. 형사피해자가 법관에게 적절한 형벌권을 행사하여줄 것을 청구할 수 없도록 하는 것으로서 입법재량을 일탈하여 현저히 불합리하거나 불공정하므로 형사피해자의 재판절차진술권을 침해한다.

   라. 심판대상조항의 위헌성은 일정한 친족 사이의 재산범죄와 관련하여 형사처벌의 특례를 인정하는 것에 있음이 아니라, 넓은 범위의 친족에 대해, 재산범죄의 불법성의 경중을 묻지 않고, 피해자의 의사에 관계없이 '일률적으로 형면제'를 함에 따라, 구체적 사안에서 형사피해자의 재판절차진술권이 형해화될 수 있다는 점에 있다.

침해가 아닌 것

1. 특수임무수행자 등이 보상금 등의 지급결정에 동의한 때에는 특수임무수행 또는 이와 관련한 교육훈련으로 입은 피해에 대하여 재판상 화해가 성립된 것으로 보는 '특수임무수행자 보상에 관한 법률' 제17조의2 가운데 특수임무수행 또는 이와 관련한 교육훈련으로 입은 피해 중 '정신적 손해'에 관한 부분이 국가배상청구권 또는 재판청구권을 침해한다고 보기 어렵다(2021.9.30. 2019헌가28).

2. 확정판결의 기초가 된 민사나 형사의 판결, 그 밖의 재판 또는 행정처분이 다른 재판이나 행정처분에 따라 바뀌어 당사자가 행정소송의 확정판결에 대하여 재심을 제기하는 경우, **재심제기기간을 30일로 정한 민사소송법을 준용하는 행정소송법 제8조 제2항은 재판청구권을 침해한다고 볼 수 없다**(2023.9.26. 2020헌바258).

3. '피고인 스스로 치료감호를 청구할 수 있는 권리'뿐만 아니라 '법원으로부터 직권으로 치료감호를 선고받을 수 있는 권리'는 헌법상 재판청구권의 보호범위에 포함된다고 보기 어렵다. 피고인 스스로 치료감호를 청구할 수 있는 권리나, 법원으로부터 직권으로 치료감호를 선고받을 수 있는 권리는 헌법상 재판청구권의 보호범위에 포함되지 않는다. **검사가 치료감호대상자가 치료감호를 받을 필요가 있는 경우 관할 법원에 치료감호를 청구할 수 있도록 한 치료감호 등에 관한 법률**은 재판청구권을 침해하거나 적법절차원칙에 반한다고 할 수 없다(2021.1.28. 2019헌가24).

4. **형의 선고를 하는 때에 피고인에게 소송비용의 부담을 명하는 근거가 되는** 형사소송법 제186조 제1항은 피고인의 재판청구권을 침해하지 아니한다(2021.2.25. 2018헌바224).

5. **형의 선고와 함께 소송비용부담의 재판을 받은 피고인이 '빈곤'을 이유로 해서만 집행면제를 신청할 수 있도록 한 형사소송법** 제487조 중 제186조 제1항 본문에 따른 소송비용에 관한 부분은 피고인의 재판청구권을 침해하지 아니한다(2021.2.25. 2019헌바64).

6. **소송의 지연을 목적으로 함이 명백한 기피신청의 경우 그 신청을 받은 법원 또는 법관이 결정으로 기각할 수 있도록 한** 형사소송법 제20조 제1항은 공정한 재판을 받을 권리를 침해하지 아니한다(2021.2.25. 2019헌바551).

7. **국민참여재판 배심원의 자격을 만 20세 이상으로 정한 '국민의 형사재판 참여에 관한 법률'** 제16조 중 '만 20세 이상'에 관한 부분은 평등원칙에 위배되지 않는다. 배심원으로서의 권한을 수행하고 의무를 부담할 능력과 민법상 행위능력, 선거권 행사능력, 군 복무능력, 연소자 보호와 연계된 취업능력 등이 동일한 연령기준에 따라 판단될 수 없고, 각 법률들의 입법취지와 해당 영역에서 고려하여야 할 제반사정, 대립되는 관련 이익들을 교량하여 입법자가 각 영역마다 그에 상응하는 연령기준을 달리 정할 수 있다(2021.5.27. 2019헌가19).

8. **국민참여재판 대상 사건을 합의부 관할 사건 및 이에 해당하는 사건의 미수죄 · 교사죄 · 방조죄 · 예비죄 · 음모죄에 해당하는 사건, 위 사건과 형사소송법 제11조에 따른 관련 사건으로서 병합하여 심리하는 사건 등으로 한정하고 있는 '국민의 형사재판 참여에 관한 법률'** 제5조 제1항은 청구인의 평등권을 침해하지 아니한다(2021.6.24. 2020헌마1421).

9. **군사법원법에 의한 군사재판을 국민참여재판 대상 사건의 범위에서 제외하고 있는 '국민의 형사재판 참여에 관한 법률'** 제5조 제1항은 평등원칙에 위배되지 아니한다(2021.6.24. 2020헌바499).

10. **공공단체인 한국과학기술원의 총장을 교원소청심사위원회의 결정에 불복하여 행정소송을 제기할 수 있는 제소권자 범위에 포함시키지 아니하여 행정소송을 제기하지 못하도록 한 것**은 재판청구권을 침해하지 아니한다(2022.10.27. 2019헌바117).

비교판례

재심결정에 대하여 교원에게만 행정소송을 제기할 수 있도록 하고 학교법인에게는 이를 금지한 교원지위향상을위한특별법은 재판청구권을 침해한다(2006.2.23. 2005헌가7).

11. 증거의 채택과 조사에 법원의 재량을 인정하고 있는 형사소송법 제295조가 공정한 재판을 받을 권리를 침해한다고 할 수 없다. 전문증거인 참고인진술조서의 증거능력을 일정한 요건하에 인정하는 형사소송법 제312조 제4항이 공정한 재판을 받을 권리를 침해한다고 할 수 없다(2022.11.24. 2019헌바477).

12. 국회에 청원하는 방법으로 일정한 기간 동안 일정한 수 이상의 국민의 동의를 받도록 정한 국회법 제123조 제1항 중 '국회규칙으로 정하는 기간 동안 국회규칙으로 정하는 일정한 수 이상의 국민의 동의를 받아' 부분이 포괄위임금지원칙에 위반되어 청원권을 침해하지 않는다(2023.3.23. 2018헌마460).

13. 국민동의조항과 그 위임을 받아 청원서를 제출하기 위한 구체적인 절차로서 국민의 찬성·동의를 받는 기간과 그 인원수 등을 규정한 국회청원심사규칙 제2조의2 제2항 중 '등록일부터 30일 이내에 100명 이상의 찬성을 받고' 부분 및 구 국회청원심사규칙 제2조의2 제3항이 청원권을 침해하였다고 볼 수 없다(2023.3.23. 2018헌마460).

14. 민사소송법 제45조 제1항 중 '기피신청이 소송의 지연을 목적으로 하는 것이 분명한 경우'에 관한 부분이 각하하는 기간을 규정하지 않아 신속한 재판을 받을 권리를 침해하지 아니한다(2023.3.23. 2020헌바149).

15. 판결의 증거가 된 문서, 그 밖의 물건이 가벌성 있는 위조 또는 변조행위에 의한 것일 때를 재심사유로 규정한 민사소송법 제451조 제1항 제6호가 재판을 받을 권리를 침해한다고 볼 수 없다(2023.6.29. 2020헌바519).

16. 판단누락을 이유로 한 재심의 제기기간인 '판결이 확정된 뒤 재심의 사유를 안 날부터 30일'을 불변기간으로 정한 민사소송법 제456조 제2항 중 '제451조 제1항 제9호'에 관한 부분이 재판을 받을 권리를 침해한다고 볼 수 없다(2023.6.29. 2020헌바519).

17. 서울대 사건(2023.3.23. 2018헌바385)

    가. 서울대학교가 정보공개의무를 부담하는 경우에 있어서는 국민의 알 권리를 보호 내지 실현시킬 의무를 부담하는 기본권 수범자의 지위에 있다고 보아야 한다.
    대학은 대학이 보유·관리하는 정보에 대해 공개 청구가 있는 경우 기본권 수범자의 지위에서 공개 여부를 결정하는 것이지, 대학의 자율권 행사의 일환으로 공개 여부를 결정하는 것은 아닌 것이다.

    나. 서울대학교가 기본권의 수범자로 기능하면서 그 대표자가 행정심판의 피청구인이 된 경우에 적용되는 심판대상조항의 위헌성을 다투는 이 사건에서 **서울대학교는 기본권의 주체가 된다고 할 수 없으므로**, 청구인의 **재판청구권** 침해 **주장은** 더 나아가 **살필 필요 없이 이유 없다**.

    다. 헌법 제107조 제3항은, 행정심판의 심리절차에서 대심구조적 사법절차가 준용되어야 한다는 취지일 뿐, 심급제에 따른 불복할 권리까지 준용되어야 한다는 의미는 아니다. 또한 기본권의 수범자 사이의 의견충돌에 대하여도 사법부가 최종적으로 판단할 권한을 가져야 한다거나 국민에 대한 공권력 행사자에게까지 사법부의 판단을 받을 권리를 보장해야 한다고 볼 수도 없다. 따라서 심판대상조항이 정보공개에 있어 기본권 수범자의 지위에 있는 서울대학교 등 국립대학법인으로 하여금 행정심판의 인용재결에 기속되도록 정한 것이 헌법 제107조 제3항에 위반된다고 볼 수는 없다.

> **반대의견**
>
> 서울대학교는 공법인적 성격을 지니고 있기는 하나 연구, 교수, 시험, 학사관리 등에 있어서는 대학의 지위에서 헌법상 자율권을 보장받게 되는바, 서울대학교가 이러한 자율권을 행사하는 경우에 있어서는 기본권의 주체가 될 수 있다고 할 것이다. 대학에게 자율적으로 연구, 교수, 시험, 학사관리 등을 수행할 기본권이 부여된 만큼, 정보 처리와 관리도 대학의 자율권에 속한다. 서울대학교의 자율권을 보호하려면, 이를 제한하는 행정심판 인용재결에 대해 법원의 판단을 받을 수 있어야 한다. 정보공개청구인의 알 권리와 국립대학법인의 사회적 책무는 정보 공개 여부나 범위 결정에 고려될 수 있지만, 국립대학법인의 자율권을 침해하지 않도록 재판청구권을 완전히 배제하는 것은 정당화될 수 없다. 따라서 심판대상조항은 서울대학교의 재판청구권을 침해하여 헌법에 위반된다.

18. 면책허가결정을 공고한 경우 송달을 하지 아니할 수 있고, 즉시항고기간은 공고가 있는 날로부터 14일로 정하고 있는 '채무자 회생 및 파산에 관한 법률'은 재판청구권을 침해한다고 볼 수 없다(2024.1.25. 2021헌바17).

19. 외국인이 출입국관리법에 의하여 보호처분을 받아 수용되었다가 이후 난민인정을 받은 경우 및 법률상 근거 없이 송환대기실에 수용되었던 경우에 대하여, 헌법에서 명시적으로 보상을 해주어야 할 입법의무를 부여하고 있다거나 헌법해석상 국가의 입법의무가 발생하였다고 볼 수 없다(2024.1.25. 2021헌마703).

20. 출입국관리법에 따른 보호명령과 송환대기실에서의 수용은 신체의 자유 제한 자체를 목적으로 하는 형사절차상의 인신구속과 그 목적이나 성질이 다르므로 헌법 제28조의 해석으로도 헌법상 입법의무가 인정되기 힘들다(2024.1.25. 2021헌마703).

23 인간다운 생활을 할 권리

1. 4·19혁명공로자에게 지급되는 보훈급여의 종류를 보상금이 아닌 수당으로 규정한 국가유공자법 제16조의4 제1항 및 2019년도 공로수당의 지급월액을 31만 1천 원으로 규정한 같은 법 시행령 제27조의4가 정한 수당의 지급월액이 지나치게 과소하여 인간다운 생활을 할 권리를 침해하였다고 볼 수 없다(2022.2.24. 2019헌마883).

2. 헌법상 명문 규정이나 헌법의 해석으로부터 청구인의 주장과 같이 보건복지부장관이 이 사건에서 문제된 해당 공공기관에 장애인전용 주차구역, 장애인용 승강기 및 화장실을 설치하도록 할 작위의무가 도출된다고 보기 어렵다(2023.7.20. 2019헌마70).

3. 13세 이상 16세 미만의 사람에 대하여 간음 또는 추행을 한 19세 이상의 자를 강간죄, 유사강간죄, 강제추행죄의 예에 따라 처벌하도록 한 형법 제305조 제2항은 **인간다운 생활을 할 권리를** 제한하지 않는다(2024.6.27. 2022헌가40).

4. '자동차사고 피해가족의 유자녀에 대한 지원 중 생계유지 및 학업을 위한 자금의 대출에 대한 상환의무를 규정한 자동차손해배상 보장법 시행령' 제18조 제1항은 인간다운 생활을 할 권리를 침해하지 않는다(헌재 2024.4.25. 2021헌마473).

5. 재요양을 받는 경우에 재요양 당시의 임금을 기준으로 휴업급여를 산정하도록 한 구 산업재해보상보험법 제56조 제1항과 재요양 당시 임금이 없으면 최저임금액을 기준으로 휴업급여를 지급하도록 한 산업재해보상보험법은 인간다운 생활을 할 권리를 침해하지 않는다(2024.4.25. 2021헌바316).

24 교육을 받을 권리

1. 피청구인이 2021.4.29. 발표한 '서울대학교 2023학년도 대학 신입학생 입학전형 시행계획' 중 수능위주전형 정시모집 '나'군의 전형방법의 2단계 평가에서 교과평가를 20점 반영하도록 한 '서울대학교 2023학년도 대학 신입학생 입학전형 시행계획' 중 Ⅴ. 수능위주전형 정시모집 '나'군 일반전형 2. 전형방법 가운데 '**2단계 교과평가 20점**' **부분이 불합리하거나 자의적이어서 서울대학교에 진학하고자 하는 청구인들의 균등하게 교육을 받을 권리를 침해**하지 않는다(2022.5.26. 2021헌마527). * **국립교육대 수시전형은 검정고시 출신자들의 균등한 교육을 받을 권리를 침해한다.**

2. 교비회계의 전용을 금지하는 구 사립학교법 제29조 제6항 본문 및 교비회계 전용 금지 규정을 위반하는 경우 처벌하는 구 사립학교법 제73조의2가 사립학교 운영의 자유를 침해한다고 할 수 없다(2023.8.31. 2021헌바180).

3. **교육받을 권리로부터 공무원이 재직 중 법학전문대학원에서 수학할 것을 보장받을 권리가 도출된다고 할 수 없으므로** 교육과정조항이 야간수업 또는 방송·정보통신 매체 등을 활용한 원격수업을 의무화하지 않았다고 하더라도 교육받을 권리가 침해될 가능성은 없다(2024.2.28. 2020헌마1377).

4. 교육을 받을 권리로부터 공무원이 휴직하여 법학전문대학원에서 수학할 것을 보장받을 권리가 도출된다고 할 수 없으므로 휴직조항으로 인하여 교육받을 권리가 침해될 가능성은 없다. **지방자치단체 공무원이 연구기관이나 교육기관 등에서 연수하기 위한 휴직기간은 2년 이내로 한다고 규정한 지방공무원법 제64조 제7호에 대한 심판청구**는 기본권 침해의 가능성이 인정되지 아니한다(2024.2.28. 2020헌마1377).

5. 공무원에게 재해보상을 위하여 실시되는 급여의 종류로 휴업급여 또는 상병보상연금 규정을 두고 있지 않은 '공무원 재해보상법' 제8조가 공무원의 인간다운 생활을 할 권리를 침해할 정도로 현저히 불합리하지 않다(2024.2.28. 2020헌마1377).

25 근로의 권리와 근로3권

1. 동물의 사육 사업 근로자에 대하여 근로기준법 제4장에서 정한 근로시간 및 휴일 규정의 적용을 제외하도록 한 구 근로기준법 제63조 제2호 중 '동물의 사육' 가운데 '제4장에서 정한 근로시간, 휴일에 관한 규정'에 관한 부분은 청구인의 근로의 권리를 침해하지 않는다(2021.8.31. 2018헌마563).

2. **노조전임자의 급여를 지원하는 행위를 금지하는** 노동조합 및 노동관계조정법 제81조 제4호는 과잉금지원칙에 위배되지 아니한다(2022.5.26. 2019헌바341). * **노동조합 운영비 원조금지는 단체교섭권을 침해한다.**

3. 지배개입금지조항과 급여지원금지조항을 위반할 경우 사용자를 처벌하는 노동조합 및 노동관계조정법 제90조는 과잉금지원칙에 위배되지 않는다(2022.5.26. 2019헌바341).

4. **법인의 대표자**가 이 사건 지배개입금지조항과 이 사건 급여지원금지조항을 위반할 경우 법인을 함께 처벌하는 노동조합 및 노동관계조정법 제94조 중 법인의 대표자가 그 법인의 업무에 관하여 이 사건 처벌조항의 위반행위를 한 경우에 관한 부분이 책임주의원칙에 위배되지 아니한다(2022.5.26. 2019헌바341).

5. **특수경비원**의 파업·태업 그 밖에 경비업무의 정상적인 운영을 저해하는 일체의 쟁의행위를 금지하는 경비업법 제15조 제3항은 나머지 청구인들의 단체행동권을 침해하지 않는다(2023.3.23. 2019헌마937). * **청원경찰 근로3권 부정은 헌법에 위반됨**

6. 피청구인 대통령이 구 '고용보험 및 산업재해보상보험의 보험료징수 등에 관한 법률' 제49조의3 제2항 단서에 따라 **대통령령을 제정할 작위의무가 있다.** 피청구인 대통령이 구 '고용보험 및 산업재해보상보험의 보험료징수 등에 관한 법률' 제49조의3 제2항 단서에 따라 대통령령 입법부작위에 **정당한 이유가 있다고 볼 수 있다**(2023.10.26. 2020헌마93). * **기각**

7. 자율적으로 교섭창구를 단일화하지 못하거나 사용자가 단일화 절차를 거치지 아니하기로 동의하지 않은 경우 과반수 노동조합이 '교섭대표노동조합'이 되도록 하는 노동조합 및 노동관계조정법은 단체교섭권을 침해하지 아니하며 단체교섭권의 본질적 내용을 침해하지도 아니한다(2024.6.27. 2020헌마237).

8. '교섭대표노동조합'에 의하여 주도되지 아니한 쟁의행위를 금지하는 노동조합 및 노동관계조정법은 단체행동권을 침해하지 아니한다(2024.6.27. 2020헌마237).

26 보건권

1. 헌법 제36조 제3항은 "모든 국민은 보건에 관하여 국가의 보호를 받는다."라고 하여, 국민이 자신의 건강을 유지하는 데 필요한 국가적 급부와 배려를 요구할 수 있는 권리인 이른바 '보건에 관한 권리'를 규정하고 있고, 이에 따라 국가는 국민의 건강을 소극적으로 침해하여서는 아니 될 의무를 부담하는 것에서 한 걸음 더 나아가 적극적으로 국민의 보건을 위한 정책을 수립하고 시행하여야 할 의무를 부담한다. 검사는 치료감호대상자가 치료감호를 받을 필요가 있는 경우 관할 법원에 치료감호를 청구할 수 있도록 한 치료감호 등에 관한 법률이 국민의 보건에 관한 국가의 보호의무에 반한다고 보기 어렵다(2021.1.28. 2019헌가24).

27 환경권

1. 학교시설에서의 유해중금속 등 유해물질의 예방 및 관리 기준을 규정한 학교보건법 시행규칙 제3조 제1항 제1호의2 [별표 2의2] 제1호, 제2호에 마사토 운동장에 대한 규정을 두지 아니한 것은 과소보호금지원칙에 위반되지 않는다(2024.4.25. 2020헌마107).

해커스경찰
police.Hackers.com

해커스경찰 황남기 경찰헌법 4개년 핵심 + 최신 판례집(2025 상반기)

헌법재판소 판례
(2024년 7월~2025년 5월)

01 법치주의

CASE 01 국민체육진흥법 부칙 제3조

2024.8.29. 2023헌바73

[심판대상]
국민체육진흥법 부칙 제3조 제12조 제1항의 개정규정(성폭력범죄의 처벌 등에 관한 특례법 제2조에 따른 성폭력범죄로 벌금형을 선고받은 사람은 체육지도사 자격을 취소하여야 한다)은 이 법 시행 후 발생하는 자격취소 또는 자격정지 사유부터 적용한다.

1. 쟁점정리

(1) 소급입법금지원칙, 신뢰보호원칙, 평등원칙

① 이 사건 부칙조항은 자격취소조항을 '이 조항 시행 후 발생하는 자격취소사유부터 적용'하도록 하고 있고, 부칙 제3조는 성폭력범죄를 저질러 벌금형이 확정될 것을 결격사유로 규정한 개정법 제11조의5 제4호 가목을 '이 조항 시행 후 형이 확정된 사람부터 적용'하도록 하고 있다. 결국 이 사건 부칙조항에 의하면, 개정법 시행 전에 성폭력범죄를 저질렀다고 하더라도 개정법 시행 후에 형이 확정되어 자격취소사유가 발생한 체육지도자는 개정법을 적용받아 그 자격이 취소되는바, 이러한 입법이 헌법상 허용되지 아니하는 소급입법에 해당하는지 여부에 관하여 살펴보기로 한다.
② 이 사건 부칙조항이 소급입법금지원칙에 위반되지 않는다고 하더라도 청구인의 구법조항에 대한 신뢰이익을 침해하여 신뢰보호원칙에 위반되는지 살펴보기로 한다.
③ 이 사건 부칙조항이 개정법 시행 전에 성폭력범죄를 저질렀으나 '개정법 시행 후에 벌금형이 확정된 사람'과 '개정법 시행 전에 벌금형이 확정된 사람'을 합리적 이유 없이 차별하여 평등원칙에 위반되는지도 살펴보기로 한다.

(2) 그 밖의 주장

① 청구인은 이 사건 부칙조항이 헌법 제13조 제1항 후단의 형벌불소급원칙에 위반된다고 주장하나, 체육지도자 자격취소는 형벌에 해당하지 않아 헌법 제13조 제1항 전단의 형벌불소급원칙이 적용되지 않으므로, 형벌불소급원칙 위반 여부에 대해서는 판단하지 않기로 한다.
② 청구인은 이 사건 부칙조항이 '성폭력범죄를 저지른 체육지도자'와 '성폭력범죄 이외의 일반 범죄를 저지른 체육지도자'를 합리적 이유 없이 차별한다고 주장한다. 그러나 자격취소조항은 성폭력범죄로부터 잠재적 피해자를 보호하려는 데 궁극적인 입법목적이 있으므로 이와 달리 생명이나 신체의 완전성 또는 재산권을 보호하는 데 입법목적이 있는 일반 범죄를 저지른 사람은 성폭력범죄를 저지른 사람과 본질적으로 동일한 비교집단이라고 볼 수 없다.

2. 성폭력범죄를 저질러 벌금형이 확정된 체육지도자의 자격을 필요적으로 취소하도록 개정된 국민체육진흥법 조항을 개정법 시행 후 발생하는 자격취소사유부터 적용하도록 한 국민체육진흥법 부칙제4조 중 제12조 제1항 단서 제4호 가운데 '제11조의5 제4호 가목의 성폭력범죄를 저지른 사람으로서 벌금형이 확정된 사람'에 관한 부분이 소급입법금지원칙에 위반되는지 여부(소극)

소급입법은 신법이 이미 종료된 사실관계나 법률관계에 적용되는지, 아니면 현재 진행 중인 사실관계나 법률관계에 적용되는지에 따라 '진정소급입법'과 '부진정소급입법'으로 구분되는데, **전자는 헌법상 원칙적으로 허용되지 않고 특단의 사정이 있는 경우에만 예외적으로 허용되는 반면**, 후자는 원칙적으로 허용되지만 소급효를 요구하는 공익상의 사유와 신뢰보호 요청 사이의 교량과정에서 신뢰보호의 관점이 입법자의 입법형성권에 일정한 제한을 가하게 된다는 데 차이가 있다.
이 사건 부칙조항에 의하면 자격취소조항은 **개정법 시행 후 발생하는 자격취소 사유부터 적용되는바**, 자격취소조항은 '성폭력범죄를 저질러 벌금형이 확정된 경우'를 체육지도자 자격취소의 요건으로 하고 있으므로, 범죄행위가 종료되었다고 하더라도 이에 대한 형이 확정되지 않는 이상 체육지도자 자격취소에 관한 사실 내지 법률관계가 완성된 것이라고 볼 수 없다. 따라서 이 사건 부칙조항은 진행 중인 사실 내지 법률관계에 대한 규율이므로 헌법상 원칙적으로 금지되는 **진정소급입법에 해당하지 아니한다.** 다만, 청구인이 지니고 있는 기존의 법상태에 대한 신뢰를 법치국가적인 관점에서 헌법적으로 보호해 주어야 할 것인지 여부가 문제된다.

3. 이 사건 부칙조항이 신뢰보호원칙에 위반되는지 여부(소극)

    (1) <u>신뢰보호원칙은 헌법상 법치국가원리로부터 파생된 원칙이다. 이는 법률을 제정하거나 개정할 때 기존의 법질서에 대한 당사자의 신뢰가 합리적이고 정당한 반면, 법률의 제정이나 개정으로 야기되는 당사자의 손해가 극심하여 새로운 입법으로 달성하고자 하는 공익적 목적이 그러한 당사자의 신뢰가 파괴되는 것을 정당화할 수 없는 경우에 그러한 입법은 허용될 수 없다는 원칙을 말한다.</u> 신뢰보호원칙의 위반 여부를 판단하기 위해서는 신뢰이익의 보호가치, 신뢰이익 침해의 정도, 신뢰의 손상 정도, 신뢰침해의 방법 등과 다른 한편으로는 새로운 입법을 통하여 실현하고자 하는 공익적 목적을 종합적으로 비교·형량하여야 한다.

    (2) 개정 전 국민체육진흥법에 따르면, 체육지도자가 성폭력범죄로 벌금형이 확정된다고 하더라도 최대 6개월의 자격정지처분이 내려질 수 있을 뿐 필요적으로 그 자격이 취소되지는 아니하였으므로, 청구인은 개정법 시행 전 저지른 성폭력범죄에 대하여 벌금형이 확정되더라도 체육지도자 자격이 취소되지 않을 것이란 기대를 가질 수 있었다. 그런데 이러한 신뢰는 헌법상 보호가치 있는 신뢰라고 보기 어렵다. 자격취소조항의 도입경위와 입법취지를 고려하면, 체육지도자의 자격이 있는 사람이 개정법 시행 이후 성폭력범죄로 인한 형이 확정되었음에도 그 범행시기가 개정법 시행일 전이라는 사정만으로 최대 6개월의 자격정지처분만을 할 수 있도록 하는 것은 자격취소조항의 입법취지에 반할 우려가 크다. 따라서 이 사건 부칙조항은 신뢰보호원칙에 위반되지 아니한다.

4. 이 사건 부칙조항이 평등원칙에 위반되는지 여부(소극)

이 사건 부칙조항은 **개정법 시행 전에 성폭력범죄를 저지르고 벌금형이 확정된 체육지도자**에 대하여 구법조항을 적용하여 최대 6개월간 자격정지처분을 할 수 있도록 하는 반면, **개정법 시행 전에 성폭력범죄를 저질렀다고 하더라도 개정법 시행 이후 벌금형이 확정된 체육지도자**에 대해서는 개정법을 적용하여 필요적으로 그 자격을 취소하도록 함으로써 범행일이 아닌 형의 확정시점, 즉 자격취소사유의 발생시점에 따라 이들을 달리 취급하고 있다.

앞서 본 바와 같이 자격취소조항은 체육지도자의 성폭력범죄를 둘러싼 사회적 문제의식이 심화됨에 따라 체육지도자에 대한 공공의 신뢰를 유지하고 일반 **국민을 잠재적 성폭력범죄로부터 보호하기 위한 입법적 조치이다.** 이 사건 부칙조항이 체육지도자가 성폭력범죄를 저질러 개정법 시행 이후 그 형이 확정되었다면 비록 범행시기가 개정법 시행 전이라고 하더라도 체육지도자 자격을 필요적으로 취소하도록 정한 것은 위와 같은 입법목적을 효과적으로 달성하기 위한 것이다.

나아가 구법 시행 당시 이미 성폭력범죄로 벌금형이 확정된 체육지도자의 경우 구법조항에 근거한 제재처분의 요건이 충족된 상태이므로, 이들과 유죄판결 등의 확정 여부가 아직 결정되지도 아니한 체육지도자 사이에는 본질적인 차이가 있다. 따라서 이 사건 부칙조항이 개정법 시행일을 기준으로 하여 성폭력범죄로 이미 벌금형이 확정된 체육지도자와 그렇지 않은 체육지도자를 달리 취급하는 것에는 합리적인 이유가 있으므로, 평등원칙에 위반되지 아니한다.

02 행복추구권

CASE 01 학원의 설립·운영 및 과외교습에 관한 법률

2024.8.29. 2021헌바74

1. 학습자가 수강을 계속할 수 없는 경우 학원설립·운영자로 하여금 교습비등을 반환하도록 규정한, '학원의 설립·운영 및 과외교습에 관한 법률' 제18조 제1항이 명확성원칙에 반하는지 여부(소극)

   교습비등 반환의무가 발생하는 경우로 교습자 측의 사유만을 두고 있다가 학습자 측의 사유도 추가하게 된 입법경위 및 입법취지, 교습비등이 적정하고 공평한 수준에서 정해지도록 규정하고 있는 관련 조항, 장기간의 교습비등을 일시불로 선불하도록 할 가능성이 있는 교습계약의 특성 등을 종합해 보면, 교습비등반환조항은 학습자의 단순변심을 포함하여 학습자 측의 사유로 수강을 계속할 수 없는 모든 경우를 규율하는 것임을 예측할 수 있으므로, 명확성원칙에 반하지 아니한다.

2. 학습자가 수강을 계속할 수 없는 경우 학원설립·운영자로 하여금 교습비등을 반환하도록 규정한, '학원의 설립·운영 및 과외교습에 관한 법률' 제18조 제1항이 과잉금지원칙에 반하여 학원설립·운영자의 계약의 자유를 침해하는지 여부(소극)

   (1) 목적의 정당성 및 수단의 적합성

   교습비등반환조항은 학습자의 권익 보호와 학원의 건전한 발전을 목적으로 하며, 학습자가 수강을 계속할 수 없는 경우에도 교습비등을 반환하도록 규정한 것은 해당 목적 달성에 적합한 수단이다.

   (2) 침해의 최소성

   학습자의 불리한 계약 체결 및 교습계약 해지로 인한 위험 전가를 방지하기 위해 사적자치에 일부 개입할 필요가 인정된다. 학습자는 교육서비스의 특성상 수강 전 충분한 정보를 얻기 어렵고, 학원설립·운영자에게 반환 의무를 부과하는 입법 판단은 타당하다. 학원법은 대통령령으로 반환 사유와 금액을 구체적으로 정해 학원설립·운영자의 기본권 침해를 최소화한다. 따라서 교습비등반환조항은 침해의 최소성을 충족한다.

   (3) 법익의 균형성

   학습자의 권익 보장과 학원의 건전한 발전이라는 공익은 중대하며, 학원설립·운영자의 계약 자유 제한은 그 공익에 비해 크지 않다. 따라서 법익의 균형성을 충족한다.

   (4) 소결

   교습비등반환조항은 과잉금지원칙을 위반하여 학원설립·운영자의 계약의 자유를 침해하지 않는다.

3. **교습비등반환조항에 따른 교습비등의 반환사유, 반환금액, 그 밖에 필요한 사항을 대통령령으로 정하도록 한, '학원의 설립·운영 및 과외교습에 관한 법률' 제18조 제2항 중 제1항 가운데 '학습자가 수강을 계속할 수 없는 경우'에 관한 부분이 법률유보원칙에 반하는지 여부(소극)**

교습비등 반환의무의 부과는 국민의 자유나 권리를 제한하므로, 그 제한의 본질적 사항에 관하여는 입법자가 법률로 규율하여야 한다. 교습비등반환조항은 '학습자가 수강을 계속할 수 없는 경우' '학원설립·운영자'에게 '교습비등'을 반환할 의무를 규정함으로써, 교습비등 반환에 관한 본질적 사항인 반환의무의 주체, 반환의무의 발생요건 등을 법률에서 직접 정하고 있다. 위임조항이 대통령령에 위임하고 있는, 학습자가 수강을 계속할 수 없는 경우 교습비등의 구체적인 반환사유, 반환금액 등은 학원운영의 실정 등 제반 여건을 고려하여 달리 규율할 필요가 있는 세부적·기술적 사항이므로 입법자가 반드시 스스로 결정하여야 하는 본질적 사항에 해당한다고 보기는 어렵다. 따라서 위임조항은 법률유보원칙에 위배된다고 볼 수 없다.

4. **위임조항이 포괄위임금지원칙에 반하는지 여부(소극)**

학원설립·운영자와 학습자 사이의 공평을 기하기 위해서는 학습자가 수강을 계속할 수 없는 경우에 따른 교습비등의 반환사유와 반환기준 등을 적절히 조합하여, 학원설립·운영자가 제공한 교습에 합당한 수준의 금액은 반환범위에서 제외하면서도 학습자의 권익을 보호하기에 충분한 수준의 교습비등의 반환이 이루어질 수 있도록 반환사유, 반환사유 발생일, 반환금액을 적절히 대응시키고 세분화할 필요가 있다. 이처럼 학원설립·운영자가 교습비등을 반환하여야 하는 구체적인 사유별로 반환할 금액 등은 일률적으로 법률에 규정하기 곤란한 측면이 있는바, 교습비등의 반환사유, 반환금액, 반환기준 등을 학원운영의 실정이나 사회통념의 변화에 대응하여 유연하게 규율할 수 있도록 탄력성이 있는 행정입법에 위임할 필요성이 인정된다.

또한 학원법이 추구하는 학원의 건전한 발전과 학습자의 권익 보호 등의 입법목적과 학습자를 보호하기 위한 교습비등반환조항 및 위임조항의 규정내용, 학원설립·운영자로 하여금 적정한 수준에서 교습비등을 징수하도록 정한 학원법 제4조 제1항 등을 유기적·체계적으로 고려해 보면, 결국 대통령령에서는 적어도 학습자가 수령한 교습 등에 대한 정당한 교습비등의 지급은 보장하면서 학원설립·운영자와 학습자의 이익을 조화하는 정도로 반환사유와 반환금액 등이 공평하고 적절히 대응되도록 정해질 것임을 충분히 예측할 수 있다. 따라서 위임조항은 포괄위임금지원칙에 위배되지 않는다.

CASE 02 : 법원의 제출명령 또는 법관이 발부한 영장에 따른 거래정보등의 제공된 정보를 다른 용도로 사용을 금지한 금융실명거래 및 비밀보장에 관한 법률 제4조 제4항

2025.4.10. 2019헌바519

1. 쟁점의 정리

(1) 금융실명법조항 및 개인정보보호법조항이 죄형법정주의 명확성원칙에 위반되는지 여부를 살펴본다.

(2) 청구인은 금융실명법조항 및 개인정보보호법조항이 거래정보등 또는 개인정보를 정보주체를 상대로 한 형사고소 사건의 담당 수사기관에 제출하는 행위 및 정보주체를 상대로 한 민사소송 사건의 담당 법원에 제출하는 행위를 금지하여 청구인의 재산권 및 표현의 자유를 침해한다고 주장한다.
그러나 타인의 거래정보등 또는 개인정보를 위와 같은 용도로 이용하는 행위가 헌법상 보장되는 **재산권의 보호영역에 속한다고 보기 어렵고**, 금융실명법조항 및 개인정보보호법조항이 규제하고 있는 **'이용'이 반드시 표현행위를 수반하는 것은 아니므로**, 이 사건과 보다 밀접하게 관련되는 기본권은 헌법 제10조의 행복추구권에서 파생되는 일반적 행동자유권이다. 따라서 금융실명법조항 및 개인정보보호법조항이 과잉금지원칙에 위반되어 일반적 행동자유권을 침해하는지 여부를 살펴본다.

2. 죄형법정주의 명확성원칙 위반 여부

(1) **죄형법정주의 명확성원칙의 의미**

죄형법정주의 명확성원칙은 법률이 처벌하고자 하는 행위가 무엇이며 그에 대한 형벌이 어떠한 것인지를 누구나 예견할 수 있고, 그에 따라 자신의 행위를 결정할 수 있도록 구성요건을 명확하게 규정할 것을 요구한다. 그러나 처벌법규의 구성요건이 명확하여야 한다고 하더라도 입법자가 모든 구성요건을 단순한 의미의 서술적인 개념에 의하여 규정하여야 하는 것은 아니다. 즉, 처벌법규의 구성요건이 다소 광범위하여 어떤 범위에서는 법관의 보충적인 해석을 필요로 하는 개념을 사용하였다고 하더라도, 그 점만으로 헌법이 요구하는 처벌법규의 명확성원칙에 반드시 배치되는 것이라고 볼 수는 없고, 건전한 상식과 통상적인 법 감정을 가진 사람으로 하여금 그 적용 대상자가 누구이며 구체적으로 어떠한 행위가 금지되고 있는지를 충분히 알 수 있도록 규정되어 있다면 죄형법정주의 명확성원칙에 위배되지 않는다고 보아야 한다. 그렇게 보지 않으면 처벌법규의 구성요건이 지나치게 구체적이고 정형적이 되어 부단히 변화하는 다양한 생활관계를 제대로 규율할 수 없게 될 것이기 때문이다.

(2) **금융실명법조항에 대한 판단**

헌법재판소는 금융실명법 제4조 제1항 제1호 등이 금융기관이 보유한 고객의 금융거래정보를 법원의 제출명령에 따라 명의인의 동의 없이 제공할 수 있도록 한 것은, 법적 분쟁 해결이라는 공익을 위한 것으로서 정보 제공 범위도 '사용 목적에 필요한 최소한의 범위'로 한정되고, 제공 후 명의인에게 통보하도록 하여 개인정보 보호와의 균형을 도모하고 있으므로 정당하다고 보았다. 또한 **'그 목적 외의 용도'란 당해 소송사건의 해결 외 모든 다른 목적으로의 이용을 의미하며**, 그 의미가 일반인의 상식과 법감정으로 충분히 이해 가능하므로 죄형법정주의 명확성 원칙에도 위반되지 않는다고 판단하였다.

3. 과잉금지원칙 위반 여부

(1) 목적의 정당성 및 수단의 적합성
금융실명법 조항은 법적 분쟁 해결을 위한 거래정보 제공 이후, 해당 정보를 목적 외로 사용하는 것을 금지함으로써 **거래정보 비밀 보호라는 정당한 목적**을 달성하려는 것이며, 그 수단 역시 적절하다고 본다.

(2) 침해의 최소성
해당 조항은 명의인의 요구나 동의 없이 거래정보를 제공할 수 있는 예외를 법원의 제출명령 등 공익 목적에 한정하고 있으므로 필요한 최소한의 제한에 해당한다.

거래정보의 목적 외 이용은 제3자에게의 제공·누설뿐 아니라 스스로의 이용도 포함될 수 있으므로, 이를 모두 포괄하여 금지하는 것이 입법 목적을 달성하는 데 필요하다.

또한 형사고소나 민사소송에서 자의적으로 거래정보를 사용하는 경우도 명의인의 이익을 침해할 수 있으므로 이를 제한할 필요가 있다. 형벌 부과 여부는 입법자의 광범위한 재량에 속하는 사항이며, 금융실명법 위반 시 형사처벌을 규정한 것도 그 범위를 일탈한 것으로 보기 어렵다.

(3) 법익의 균형성
거래정보 등을 당해 소송사건의 목적 외로 사용하지 못하게 함으로써 제한되는 일반적 행동자유권의 침해 정도는 크지 않으며, 반면 거래정보 비밀 보호라는 공익은 매우 중대하므로 법익의 균형성도 갖춘다.

(4) 결론
금융실명법 조항은 과잉금지원칙에 반하지 않으며 일반적 행동자유권을 침해하지 않는다고 본다.

CASE 03 승용자동차 및 경형·소형·중형 승합자동차는 왼쪽 차로를 이용하고 대형승합자동차, 화물자동차, 특수자동차, 건설기계, 이륜자동차, 원동기장치자전거는 오른쪽 차로를 이용하도록 한 구 도로교통법 시행규칙 제16조 [별표 9]

2025.4.10. 2020헌마1437

1. 쟁점의 정리

(1) 심판대상조항은 이륜자동차 등이 일반도로에서 통행할 수 있는 차로를 오른쪽 차로만으로 규정하고 있다. 이로 인해 이륜자동차 등의 운전자인 청구인들은 일반도로의 모든 차로를 자유로이 통행할 수 없게 되는바, 이는 행복추구권에서 파생되는 일반적 행동의 자유를 제한한다. 따라서 심판대상조항이 과잉금지원칙을 위반하여 청구인들의 통행의 자유(일반적 행동의 자유)를 침해하는지 살펴본다.

(2) 청구인들은 심판대상조항으로 인하여 이륜자동차 등이 대형차량과 차대차 사고에 노출되는 빈도가 높아지고, 맨홀 뚜껑이나 불법 주·정차 차량들이 늘어선 최하위차로를 주행하게 되어 사고 위험 역시 높아지므로, 심판대상조항이 청구인들의 생명권을 침해한다는 취지로 주장한다. 그러나 이는 이륜자동차 등이 일반도로의 오른쪽 차로로 통행함에 따라 발생할 수 있는 사실적인 위험을 지적하는 것으로, 이를 이유로 심판대상조항이 청구인들의 생명권을 직접 제한한다고 볼 수는 없다. 다만, 위와 같은 이유로 청구인들의 통행의 자유(일반적 행동의 자유)가 제한될 수는 있으므로, 이에 대하여는 통행의 자유(일반적 행동의 자유) 침해 여부에 관한 판단에서 함께 살펴보기로 한다.

(3) 청구인들은 심판대상조항이 주행속도가 승용자동차와 유사한 수준의 이륜자동차 등에 대하여도 일반도로에서 통행할 수 있는 차로를 제한하는바, 일반도로의 모든 차로를 통행할 수 있는 승용자동차와 이륜자동차 등을 합리적 이유 없이 다르게 취급하여 청구인들의 평등권을 침해한다고 주장한다. 그런데 위 주장은 심판대상조항이 이륜자동차 등이 통행할 수 있는 일반도로의 차로를 일률적으로 제한하여 과잉금지원칙에 위반되므로, 청구인의 통행의 자유(일반적 행동의 자유)를 침해한다는 주장과 그 취지가 다르지 않다. 이는 통행의 자유(일반적 행동의 자유) 침해 여부에 관한 판단에서 함께 살펴보기로 하고 별도로 판단하지 않는다.

2. 통행의 자유(일반적 행동의 자유) 침해 여부

(1) 목적의 정당성
지정차로제를 통해 교통 효율성과 안전성을 확보하고자 하는 입법 목적은 정당하다.

(2) 수단의 적합성
이륜자동차는 주행 특성이 승용차와 달라 오른쪽 차로로 제한하는 것이 교통 안전을 확보하는 데 적합한 수단이다.

(3) 침해의 최소성
이륜자동차의 위험성과 교통사고 발생 우려를 고려할 때, 차로 제한은 필요하며 과도하다고 보기 어렵다. 법령은 이륜자동차가 일부 예외적으로 다른 차로도 이용할 수 있도록 허용하여 제한을 완화하고 있다. 좌회전 시 불편이 있더라도 도로 상황과 운전자 의무를 고려하면 그 불편이 과도하다고 단정하기 어렵다.

(4) 법익의 균형성
일반도로의 교통안전 및 효율이라는 공익이 이륜자동차 운전자의 통행 자유 제한보다 크므로 법익의 균형성도 갖춘다.

(5) 결론
심판대상조항은 청구인의 일반적 행동의 자유를 침해하지 아니한다.

> **재판관 김형두, 재판관 정계선의 반대의견**
>
> 심판대상조항이 달성하고자 하는 일반도로 차량들의 능률적인 운행과 원활한 교통소통 및 이에 따른 교통 안전성 확보라는 공익은 중요하다. 그러나 심판대상조항이 이륜자동차 등 운전자의 통행의 자유(일반적 행동의 자유)를 심각하게 제한하는 점, 이륜자동차 등이 일반도로에서 통행할 수 있는 차로를 제한하는 내용의 조항이 1970년에 도입되어 현재까지 유지되고 있지만 그 실효성이 불분명한 점 등을 고려하면, 위와 같은 공익이 청구인들이 제한받는 사익보다 중대하다고 단정할 수 없다. 그러므로 심판대상조항은 법익의 균형성도 충족하지 못한다.

CASE 04: 중대재해가 발생한 경우 사업주에게 중대재해의 내용 등을 고용노동부장관에게 보고하도록 하는 산업안전보건법 제175조

2025.2.27. 2021헌바111

심판대상조항은 사업주로 하여금 중대재해의 발생 개요와 피해 상황을 파악하여 필요한 조치를 취하도록 하고, 감독기관인 고용노동부장관이 재해 발생 원인을 조사하고 안전·보건진단 등의 필요한 조치를 하도록 함으로써 <u>산업현장에서 근로자의 안전을 유지, 증진하기 위한 것이다</u>. 사업주에게 보고의무를 부과하는 것 외에 사업주의 일반적 행동의 자유를 덜 제한하는 다른 수단을 상정하기 어렵고, 보고의 대상이 되는 내용은 중대재해의 발생 개요 및 피해 상황 등 객관적인 사실에 관한 것이다. 심판대상조항은 산업재해 중에서도 근로자가 사망하는 등 재해의 정도가 심한 중대재해에 대하여만 보고의무가 적용되도록 범위를 한정하면서, 의무 위반에 대한 제재방법으로 행정형벌보다 정도가 약한 행정질서벌인 과태료를 선택하고 있다. 심판대상조항으로 인하여 사업주가 받게 되는 불이익이 이를 통하여 얻을 수 있는 근로자의 안전과 보건의 유지·증진이라는 공익에 비하여 결코 크다고 볼 수 없다. 심판대상조항은 과잉금지원칙에 위반되어 일반적 행동의 자유를 침해하지 아니한다.

03 평등권

CASE 01 정신병원이 한의과 진료과목을 추가 설치·운영할 수 있다고 규정하지 아니한 의료법 * 헌법불합치결정
2025.1.23. 2021헌마886

1. 쟁점

심판대상조항은 병원·종합병원·치과병원에 대하여는 한의사를 두어 한의과 진료과목을 추가로 설치·운영할 수 있도록 하면서, 정신병원에 대하여는 위와 같은 규정을 두지 않고 있다. 이로 인해 정신병원은 한의사를 두어 한의과 진료과목을 추가로 설치·운영할 수 없으므로, 심판대상조항이 **합리적 이유 없이** 정신병원을 운영하는 자를 병원·종합병원·치과병원을 운영하는 자와 달리 취급하여 평등권을 침해하는지 여부가 쟁점이 된다.

2. 평등권 침해 여부

(1) 정신병원에 한의사를 두어 한의과 진료과목을 추가로 설치·운영할 필요성이 종합병원·병원·치과병원에 비하여 낮다거나, 부정된다고 보기 어려움

심판대상조항을 비롯한 의료법 제43조 제1항 내지 제3항의 입법목적은 같은 병원급 의료기관 내에서 협진을 가능하게 하여 의료 소비자의 권익을 향상하려는 것이다. 현대사회의 의료행위가 그 지식과 기술에 있어 세분화·전문화되어 가고 있는 상황 속에서 협진은 더욱 활발히 이용되고 있고, 의료 수요자인 국민들도 한 장소에 개설된 의료기관에서 양·한방의 통합적인 의료서비스를 받고자 하는 욕구가 현실적으로 존재한다. 동일한 의료기관 내에서 양·한방 의료행위가 이루어지면, 서로 다른 의료기관에서 순차 또는 교차로 양·한방 의료행위가 이루어지는 경우에 비해서 서로의 의료행위의 내용에 대한 지식이나 정보를 얻기에 용이하고, 의료행위의 중복으로 인한 위험에 대처하기도 쉽다.

국립정신건강센터가 발간한 '국가 정신건강현황 보고서(2021)'에 따르면 정신병원 등 정신의료기관의 경우에는 장기 치료가 필요한 입원환자들을 중심으로 의료가 행해지고 있고, 이 중 상당수는 비자의적 입원으로서 외부 출입이 자유롭지 않을 것으로 보인다. 입원기간 동안의 의료접근·선택의 측면에서 볼 때, 위와 같은 환자들의 경우에는 자신들이 입원해 있는 정신병원 내에서 한의과 진료과목 등 다른 진료과목의 진료를 받을 수 있게 할 필요성이 더욱 크다고도 볼 수 있다.

이상과 같은 점들을 고려하면, 정신병원에 한의사를 두어 한의과 진료과목을 추가로 설치·운영할 필요성이 종합병원·병원·치과병원에 비하여 낮다거나, 부정된다고 보기 어렵다.

(2) 다른 병원급 의료기관에서 정신건강의학과 등 의과와 한의과의 협진이 이루어지고 있는 상황에서, 정신병원에 대하여만 이를 허용하지 않을 만한 사유를 찾아보기 어려움

심판대상조항에 따라 종합병원이나 병원은 한의과 진료과목을 설치·운영할 수 있으므로, 종합병원이나 병원에 설치된 정신건강의학과 등 의과의 경우에는 한의과와의 협진이 가능하다. 종합병원이나 병원에 설치된 정신건강의학과 등 의과와 한의과와의 협진은 허용하면서, 정신병원에 설치된 정신건강의학과 등 의과의 경우에는 한의과와의 협진을 허용하지 않을 만한 사유 역시 확인하기 어렵다.

(3) 정신병원에 한의과 진료과목을 설치·운영한다고 하더라도, 이에 필요한 시설·장비가 갖추어진 상태에서 한의사에 의한 진료가 이루어지게 되므로 국민의 보건위생상 어떠한 위해가 발생할 것이라고 보기 어려움

정신병원 내에 한의과 진료과목을 설치·운영한다고 하더라도, 이는 종합병원·병원·치과병원에 한의과 진료과목이 설치·운영되는 경우와 마찬가지로 한의과 진료과목의 진료에 필요한 시설·장비가 갖추어진 상태에서 자격을 갖춘 한의사에 의하여 진료가 이루어지게 하면 된다. 따라서 이로 인하여 국민의 보건위생상 어떠한 위해가 생길 것이라고 보기 어려울 뿐만 아니라, 정신병원에 한의과 진료과목을 추가로 설치·운영하는 경우를 종합병원·병원·치과병원에 한의과 진료과목을 추가로 설치·운영하는 경우와 달리 볼 만한 이유 역시 존재하지 않는다.

(4) 소결론

심판대상조항이 정신병원을 운영하는 자를 종합병원·병원·치과병원을 운영하는 자와 달리 취급하는 데에 합리적인 이유가 있다고 볼 수 없다.

CASE 02 | 검사의 불기소처분에 대한 항고권자를 고소인·고발인으로 한정한 검찰청법 제10조 제1항 전문이 고소하지 않은 범죄피해자의 평등권을 침해하는지 여부 (소극)

2024.7.18. 2021헌마248

1. 쟁점의 정리

(1) 심판대상조항은 검찰항고권자를 고소인·고발인으로 한정하고 있어 청구인과 같이 고소하지 않은 범죄피해자는 피의자에 대한 검사의 불기소처분에 불복하더라도 이를 검찰항고를 통하여 다툴 수 없다. 이처럼 심판대상조항으로 인하여 고소인·고발인과 고소하지 않은 범죄피해자 사이에 차별취급이 발생하므로, 평등권 침해 여부가 문제된다.

(2) 청구인은 심판대상조항으로 인하여 검찰항고를 하지 못하는 탓에 검찰항고를 거쳐야 할 수 있는 재정신청도 할 수 없으므로 청구인의 재판청구권이 침해된다고 주장한다. 그러나 청구인이 재정신청을 할 수 없는 것은 재정신청을 하려면 원칙적으로 검찰항고를 거치도록 규정한 형사소송법 제260조 제2항 때문이고, 검찰항고권자를 고소인·고발인으로 한정한 심판대상조항은 이 같은 기본권 제한과 간접적인 연관이 있는 것에 불과하다. 따라서 <u>심판대상조항으로 인하여 청구인의 재판청구권이 제한된다고 보기 어렵다.</u>

2. 평등권 침해 여부(소극)

(1) 심사기준

헌법은 공소제기와 검사의 불기소처분에 대한 통제 방법을 규정하지 않으며, 검찰항고의 주체를 정하는 문제는 입법자의 재량에 속한다. 따라서 평등권 침해 여부는 자의금지원칙에 따라 판단해야 한다.

(2) 판단

검찰청법상 항고는 검사의 불기소처분에 대하여 검찰 내부에 의한 신속하고 효율적인 자체 시정을 구하는 제도로서, 수사 절차상 지위가 불분명한 고소하지 않은 범죄피해자에게 검찰항고를 허용할 경우 이 같은 제도의 취지가 달성되지 않을 가능성이 있다. 심판대상조항이 고소하지 않은 범죄피해자를 검찰항고권자로 정하지 않은 것은 검찰항고를 거쳐 재정신청에 이르는 일련의 제도를 고려한 것이다. 고소하지 않은 범죄피해자는 헌법소원심판을 청구함으로써 부당한 불기소처분에 대한 시정을 구할 수 있다. 따라서 심판대상조항은 고소하지 않은 범죄피해자의 평등권을 침해하지 않는다.

CASE 03 : 주택법상 주택건축사업에서 가구수가 증가되지 않은 부분에 대해 학교용지부담금 부과에서 제외하지 않은 학교용지 확보 등에 관한 특례법 제5조 제1항 단서

2025.4.10. 2020헌바363

1. 쟁점의 정리

심판대상조항은 도시개발법에 따른 도시개발사업, 도시정비법에 따른 재개발사업 및 재건축사업, '빈집 및 소규모주택 정비에 관한 특례법'에 따른 가로주택정비사업 및 소규모재건축사업 등에 대해서는 사업시행 결과 사업구역 내 가구 수가 증가하지 아니하는 경우에는 학교용지부담금을 부과할 수 없도록 하면서, 주택법에 따른 주택건설사업에 대해서는 이러한 부과 제외를 규정하고 있지 아니한데, 이와 같은 차별취급이 평등원칙에 위반되는지 여부가 문제 된다.

2. 주택법상 주택건축사업에서 가구수가 증가되지 않은 부분에 대해 학교용지부담금 부과에서 제외하지 않은 학교용지 확보 등에 관한 특례법 제5조 제1항 단서가 평등원칙에 위반되는지 여부(소극)

(1) 학교용지부담금의 부과 취지

개발사업으로 인한 인구 유입 및 취학 수요 증가에 따라 학교시설 확충 필요성이 발생하는 경우, 개발사업자에게 학교용지부담금을 부과하는 것은 정당하다.

(2) 재건축 등 기존 세대 중심 개발사업

도시개발사업, 재개발사업, 재건축사업 등은 기존 주택의 정비가 중심이고, 기존 토지·건물 소유자가 조합원이 되어 거주를 지속하므로, 인구 유입이 없거나 미미해 학교용지 수요도 발생하지 않는 경우가 많다. 따라서 이들 사업에서 가구수가 증가하지 않으면 학교용지부담금이 면제된다.

(3) 주택법상 주택건설사업의 특성

주택법상 주택건설사업은 신규 택지를 개발하여 주택을 공급하는 형태로, 기존 세대와 무관하며 신규 인구의 유입이 예정되어 있어 학교시설 수요가 발생할 가능성이 높다.

(4) 가구 수 증가 여부만으로 면제 여부 결정의 문제점

주택법상 사업은 기존 세대가 떠나고 새로운 세대가 유입되므로, 가구 수가 변하지 않아도 취학 수요가 늘어날 수 있다. 따라서 단순히 가구 수 증가 여부로 학교용지부담금 부과를 결정하는 것은 타당하지 않다.

(5) 입법자의 재량과 구체적 타당성 확보 방법

주택건설사업의 세부 유형에 따라 부담금 면제 여부를 세분화하는 것은 입법기술상 어려우며, 학교용지부담금 부과는 재량행위이므로 개별 사안에서 위법 여부를 판단해 구체적 타당성을 확보할 수 있다.

(6) 결론: 평등원칙 위반 아님

주택법상 주택건설사업에 대해 전면적으로 학교용지부담금을 부과하는 것은 해당 사업의 특성을 반영한 것으로 합리적인 이유가 있어, 평등원칙에 위배되지 않는다.

> **재판관 김형두, 재판관 정형식의 반대의견**
> 학교용지부담금은 추가적인 학교시설 확보를 전제로 하므로, 기존 세대의 교체 여부와 상관없이 신규 주택의 수에 비례하여 부과되어야 한다. 주택법상 주택건설사업의 경우 가구 수가 감소하는 경우도 있어, 학교용지부담금을 부과하는 것이 오히려 불합리한 결과를 초래할 수 있다. 심판대상조항은 헌법상 평등원칙에 위반된다.

비교판례 1

학교용지 확보 등에 관한 특례법 제5조 제1항 단서 제5호 중 '도시 및 주거환경정비법' 제2조 제2호 "다목"의 규정에 따른 "주택재건축사업"에 관한 부분이 매도나 현금청산의 대상이 되어 제3자에게 분양됨으로써 기존에 비하여 가구 수가 증가하지 아니하는 개발사업분을 학교용지부담금 부과 대상에서 제외하는 규정을 두지 아니한 것이 평등원칙에 위배된다(2013.7.25. 2011헌가32).

비교판례 2

'학교용지 확보 등에 관한 특례법'(2007.12.14. 법률 제8679호로 개정된 것) 제5조 제1항 단서 제5호 중 '도시 및 주거환경정비법' 제2조 제2호 "나목"의 규정에 따른 "주택재개발사업"에 관한 부분이 현금청산의 대상이 되어 제3자에게 분양됨으로써 기존에 비하여 가구 수가 증가하지 아니하는 개발사업분을 학교용지부담금 부과 대상에서 제외하는 규정을 두지 아니한 것이 평등원칙에 위배된다(2014.4.24. 2013헌가28).

CASE 04

판결로 확정된 채권의 소멸시효 중단을 위한 재판상의 청구가 있다는 점에 대하여만 확인을 구하는 소송을 제기한 경우 그 소가를 전소 확정 판결에서 인정된 권리 가액의 10분의 1로 정한 '민사소송 등 인지규칙'

2024.8.29. 2021헌마101

시효중단을 위한 이행소송을 제기한 경우 후소 판결의 기판력은 후소의 변론종결 시를 기준으로 발생하므로, 채무자가 전소의 변론종결 후에 발생한 청구이의사유를 주장하는 경우 법원은 그 존부에 관해 심리하고 판단하여야 한다. 반면 시효중단을 위한 확인소송의 경우 그 판결은 전소 판결로 확정된 채권의 시효중단 외에 다른 실체법상 효력을 가지지 않으므로, 그 소송에서는 실체적 법률관계에 관한 심리를 할 필요가 없다. 이와 같이 시효중단을 위한 확인소송은 단지 시효중단을 위한 재판상의 청구가 있다는 점에 대하여만 확인을 구하는 극히 단순한 형태의 소송으로서 별다른 다툼의 여지가 없는 소송이라는 점에서 실체적 심리가 이루어지는 시효중단을 위한 이행소송과는 차이가 있다고 할 수 있다. 따라서 심판대상조항이 시효중단을 위한 이행소송에 비해 시효중단을 위한 확인소송의 소가를 낮게 정함으로써 양 소송의 소가를 달리 산정한 것이 불합리하거나 자의적인 것이라고 보기 어려우므로, 심판대상조항은 청구인의 평등권을 침해하지 않는다.

CASE 05

집합금지조치로 인한 손실을 보상하는 규정을 두고 있지 않은 감염병의 예방 및 관리에 관한 법률 제70조 제1항이 실내체육시설을 운영하는 청구인들의 평등권을 침해하는지 여부(소극)

2024.8.29. 2021헌마175

지역사회 전파가 거의 이루어지지 않았던 2015년 메르스 사태를 계기로 현행법과 같이 개정된 이 사건 손실보상조항의 개정 배경 및 집합금지조치 자체가 구체적인 재산상 손실을 초래하는 것은 아닌 점, 장기간의 집합금지조치로 인해 중대한 영업상 손실이 발생하리라는 것을 예상하기 어려웠던 점 등을 고려하면, 집합금지조치로 인한 영업손실을 보상하는 규정을 입법자가 미리 마련하지 않았다고 하여 곧바로 평등권을 침해하는 것이라고 할 수 없다. 집합금지조치 시행 당시의 국가 재정상황, 업종 및 사업장 규모별 피해 정도 등 제반 사정을 종합적으로 고려하여 그에 맞는 개별 입법과 정부지원책을 마련함으로써 집합금지조치로 인한 손실 부담을 완화하는 것이 더 합리적이라고 볼 수도 있다. 실제로 정부는 집합금지조치로 인해 상대적으로 큰 어려움을 겪은 영세한 소상공인들을 지원하기 위해 소상공인 보호 및 지원에 관한 법률을 개정하여, 집합금지조치로 인해 발생한 손실을 보상하는 규정을 신설하였다. 또 정부는 자영업자 등의 영업손실 부담을 완화하기 위해 현금지원 정책, 금융지원책 및 임대료 부담 완화 정책 등 다양한 방식의 지원책을 마련하여 시행해 왔다. 정부의 지원이 피해를 전부 회복시키기에 다소 부족할 수 있지만, 집합금지조치는 공동체 전체를 위하여 코로나19의 확산을 방지하기 위해 실시된 것이므로 사회구성원 모두가 그 부담을 나누어 질 필요가 있다는 점도 고려할 필요가 있다. 따라서 이 사건 손실보상조항이 집합금지조치로 인한 손실을 보상하는 규정을 두지 않은 것이 청구인들의 평등권을 침해한다고 할 수 없다.

재판관 이은애, 재판관 이미선, 재판관 김형두의 반대의견

이 사건 손실보상조항은 '감염병환자등이 있는 장소나 감염병병원체에 오염되었다고 인정되는 장소에 대하여 폐쇄, 출입금지, 이동제한 등의 조치를 하는 것'을 보상 대상의 하나로 규정하고 있다. 실내체육시설에 대한 집합금지도 해당 장소에 대한 출입의 일률적·전면적 제한이라는 점에서 이와 본질적으로 동일하다. 실내체육시설의 경우 고객이 시설에 방문하지 않고서는 영업을 할 수 없기 때문에, 집합금지조치로 인해 영업손실이 발생하리라는 것을 충분히 예상할 수 있다. 영업손실을 산정하는 것도 어렵지 않다. 소상공인 보호 및 지원에 관한 법률 제12조의2가 신설되기는 하였지만, 2021.7.7. 이후 발생한 손실부터 적용될 뿐이다. 따라서 이 사건 손실보상조항이 집합금지조치로 인한 손실을 보상 대상에 포함하지 않은 것은 청구인들의 평등권을 침해한다.

CASE 06
정부조직법에 따른 각급 행정기관의 근로자가 가구원인 경우 해당 가구의 격리자를 생활지원비 지원제외 대상으로 정한 '코로나바이러스감염증-19 관련 입원·격리자 생활지원비 지원사업 안내 2-5판' 규정이 위 행정기관의 근로자를 가구원으로 둔 청구인의 평등권을 침해하는지 여부(소극)

2024.8.29. 2021헌마450

'감염병의 예방 및 관리에 관한 법률'에 따른 생활지원비는 격리기간에 소득활동을 하기 어렵다는 점을 고려하여 격리자의 생활안정을 도모하기 위해 한시적으로 지원되는 금전이고, 지원 주체인 피청구인은 생활지원비 지원의 취지, 재정부담 능력, 감염병 확산 상황 등 제반 사정을 고려하여 지원대상의 범위 등을 정하는 데 광범위한 입법재량을 가진다. 코로나19가 급속히 확산되는 상황에서 한정된 재원을 효과적으로 지원하기 위해서는 격리로 인하여 생계가 곤란하게 될 위험성을 살펴 지원대상의 범위를 제한할 필요가 있다. 행정기관 근로자는 입원하거나 격리하더라도 유급휴가를 받을 수 있어 격리자를 포함한 해당 가구가 생계곤란을 겪을 위험이 현저히 낮다. 따라서 행정기관 근로자가 가구원인 경우 해당 가구의 격리자에게 생활지원비를 지원하지 않는 것에는 합리적 이유가 있으므로, 이 사건 제외규정은 청구인의 평등권을 침해하지 않는다.

CASE 07 농업협동조합법 제49조 제1항 제8호에 규정된 죄와 다른 죄의 경합범에 대하여 분리 선고하도록 규정한 농협법 제49조의2 제1항

2025.1.23. 2021헌바268

농협법 제49조 제1항 제8호는 같은 호에 규정된 죄를 범하여 '벌금 100만 원 이상의 형'을 선고받을 것 등을 임원 결격사유로 규정하고 있고, '벌금 100만 원 이상의 형'에는 100만 원 이상의 벌금형과 징역형이 모두 포함되므로, 벌금형과 징역형 모두에 대해 분리 선고를 규정하는 것이 체계에 부합하는 측면이 있는 점, 이와 같이 분리 선고를 하는 것은 지역농협 임원 선거의 성격에 비추어 선거의 공정성 확보 등에 기여할 수 있으며, 양형의 측면에서 피고인에게 일률적으로 불리하다고 단정하기 어렵고, 나아가 법원은 분리 선고로 지역농협 임원의 자격 등이 제한될 수 있는 사정을 고려하여 적정한 양형재량을 행사할 수 있는 점 등을 고려할 때, 심판대상조항이 선거범죄에 대하여 징역형을 분리하여 선고받는 피고인을 형법 제38조 제1항 제2호에 따라 다른 죄와 단일한 징역형을 선고받는 피고인에 비해 합리적 이유 없이 차별취급하였다고 보기 어려우므로, 심판대상조항은 평등원칙에 위반된다고 볼 수 없다.

비교판례

선거범죄로 인하여 100만 원 이상의 벌금형이 선고되면 임원의 결격사유가 됨에도, 선거범죄와 다른 죄가 병합되어 경합범으로 재판하게 되는 경우 선거범죄를 분리 심리하여 따로 선고하는 규정을 두지 않은 새마을금고법 제21조는 과잉금지원칙에 반하여 새마을금고 임원이나 임원이 되고자 하는 사람의 직업선택의 자유를 침해한다(2014.9.25. 2013헌바208).

CASE 08 변리사법에 따라 변호사에게 변리사 자격이 인정되는 소속 변호사가 그 자격에 의한 직무를 수행할 수 있을 때에는 그 직무를 법무법인의 업무로 할 수 있도록 한 변호사법 제49조 제2항

2025.1.23. 2022헌바61

1. 쟁점의 정리

(1) 법무법인은 특허법인에 비하여 변리사 업무에 관한 전문성이 부족할 수 있고 특허청장 등의 관리·감독을 받지 아니함에도 불구하고, 심판대상조항은 변리사 자격을 가진 변호사가 구성원이나 소속변호사로 있는 법무법인에게 변리사 업무를 수행할 수 있는 권한을 특허법인과 동일한 수준으로 부여하고 있다. 이는 변리사 업무에 관한 전문성의 정도나 특허청장 등의 관리·감독 면에서 본질적으로 다른 법무법인과 특허법인을 같게 대우하는 것으로서 평등원칙에 반하는지 여부가 문제된다.

(2) 청구인은 심판대상조항이 변리사법의 취지와 부합하지 아니하여 체계정당성의 원리에 위반된다고도 주장한다. 그러나 일정한 공권력작용이 체계정당성에 위반된다고 해서 곧 위헌이 되는 것은 아니고 결과적으로 비례원칙이나 평등원칙 등 일정한 헌법의 규정이나 원칙을 위반하여야 하는 것이므로, 이 부분 주장에 관해서는 심판대상조항이 평등원칙에 위반되는지 여부를 판단하면서 함께 살펴보기로 한다.

2. 일정한 법무법인으로 하여금 변리사 업무를 수행할 수 있도록 한 변호사법 제49조 제2항 중 '구 변리사법 제3조 제2호에 의해 변호사에게 변리사의 자격을 인정하는 경우'에 관한 부분이 평등원칙에 위반되는지 여부(소극)

변리사법 및 변호사법 규정 등에 비추어보면 변호사는 변리사의 업무에 관하여 변리사와 동등한 수준의 전문성을 갖추었다고 볼 수 있고, 심판대상조항은 법무법인이 변리사의 자격을 가진 변호사를 통해 변리사 업무를 수행할 수 있는 경우에 한하여 변리사 업무 수행을 허용하고 있는 것이므로, 이러한 법무법인에 대하여 특허법인과 마찬가지로 변리사 업무를 수행할 수 있도록 한 것에는 합리적 이유가 인정된다. 따라서 심판대상조항은 평등원칙에 위반되지 않는다.

CASE 09 음주운전을 하여 형사 처분을 받은 사람을 퇴직공무원 포상에서 제외하도록 한 2021년 정부포상업무지침

2025.2.27. 2021헌마1414

1. 쟁점의 정리

(1) 심판대상조항은 '이 조항이 규정되기 전에 음주운전을 하여 형사 처분을 받은 사람'과 '이 조항이 규정된 후에 음주운전을 하여 형사 처분을 받은 사람'을 구별하지 않고 모두 퇴직공무원 포상에서 제외하도록 규정하고 있는바, 본질적으로 다른 두 집단을 같게 취급하여 청구인의 평등권을 침해하는지 여부가 문제된다.

(2) 청구인은 심판대상조항이 인간의 존엄과 가치 및 행복추구권을 침해한다고 주장한다. 그러나 헌법 제80조는 "대통령은 법률이 정하는 바에 의하여 훈장 기타의 영전을 수여한다."라고 규정하여 영전의 수여가 대통령의 권한임을 명시하고 있다. 또한 상훈법 제7조 제2항은 대통령이 국무회의의 심의를 거쳐 훈장 또는 포장의 대상자를 결정하도록 규정하고 있고, '정부 표창 규정' 제9조는 대통령 또는 국무총리가 하는 표창의 경우 행정안전부장관으로 하여금 표창 대상자에 대하여 대통령 또는 국무총리의 승인을 받도록 규정하고 있다.
이상의 내용을 종합하여 보면 국민에 대한 훈장, 포장 및 표창의 수여는 기본적으로 대통령 등 포상권자의 재량에 달려있는 사항이고, 달리 헌법은 국민에게 훈장 등을 수여할 것을 요구할 권리를 부여하고 있지 않다. 따라서 청구인이 심판대상조항으로 인하여 훈장 등을 받지 못하게 되었다고 하여 행복추구권이나 인간의 존엄과 가치가 제한된다고 보기 어렵다.

(3) 이 사건 지침은 상훈법 및 같은 법 시행령에 따른 훈장 및 포장과 '정부 표창 규정'에 따른 대통령표창 및 국무총리표창에 관한 준칙을 정하고 있다. 청구인은 심판대상조항이 법률유보원칙에 반한다고 주장하나, 이 사건 지침 중 '훈장 및 포장'에 관한 사항은 헌법 제80조와 상훈법 및 같은 법 시행령의 위임을 받아 규정된 것으로 법률에 근거가 있다. 이 사건 지침 중 '표창'에 관한 사항은 법률에 직접적인 근거가 있다고 보기는 어려우나, 이 사건 지침은 대한민국에 공로와 공적이 있는 사람에 대하여 수여하는 정부포상의 기준을 정한 것으로 기본권 제한이 아닌 수혜적 내용을 규정하고 있으므로, 기본권 제한의 경우 요구되는 법률유보원칙이 문제된다고 보기 어렵다.

2. 공무원 재직 중 음주운전으로 인하여 형사 처분을 받은 자를 퇴직공무원 포상 추천에서 제외하도록 한 '2021년 정부포상업무지침'이 청구인의 평등권을 침해하는지 여부(소극)

심판대상조항은 사회통념상 상훈을 수여하기에 부적격한 자를 선별하고 타의 모범이 되는 퇴직공무원에 대하여만 상훈을 수여함으로써 국가 영전 수여에 대한 국민의 신뢰와 지지를 확보하여 서훈의 영예성을 제고하기 위한 것이다. 음주운전은 공공의 생명과 신체, 안전을 위협하는 행위로서, 음주운전의 시기나 당시 관련법령의 규율 내용, 징계시효나 형의 시효 도과 여부 등과 무관하게 공직사회의 품위와 국민의 신뢰를 해치는 비위행위에 해당한다. 따라서 심판대상조항이 음주운전을 공무원의 주요비위행위로 규정하기 훨씬 전에 저지른 음주운전이라 하더라도, 공무원 재직 중에 음주운전으로 형사 처분을 받은 퇴직공무원에 대하여는 정부포상 추천을 할 수 없도록 한 것이 자의적인 차별이라고 볼 수 없다.

04 신체의 자유

CASE 01 주식회사 등의 외부감사에 관한 법률 제39조 제1항 위헌제청

2024.7.18. 2022헌가6

[심판대상조항]

주식회사 등의 외부감사에 관한 법률

제39조【벌칙】① 상법 제401조의2 제1항 및 제635조 제1항에 규정된 자나 그 밖에 회사의 회계업무를 담당하는 자가 제5조에 따른 회계처리기준을 위반하여 거짓으로 재무제표를 작성·공시하거나 감사인 또는 그에 소속된 공인회계사가 감사보고서에 기재하여야 할 사항을 기재하지 아니하거나 거짓으로 기재한 경우에는 10년 이하의 징역 또는 그 위반행위로 얻은 이익 또는 회피한 손실액의 2배 이상 5배 이하의 벌금에 처한다.

1. 허위재무제표작성죄와 허위감사보고서작성죄에 대하여 배수벌금을 규정하면서도, '그 위반행위로 얻은 이익 또는 회피한 손실액이 없거나 산정하기 곤란한 경우'에 관한 벌금 상한액을 규정하지 아니한 '주식회사 등의 외부감사에 관한 법률' 제39조 제1항 중 '그 위반행위로 얻은 이익 또는 회피한 손실액의 2배 이상 5배 이하의 벌금'에 관한 부분이 죄형법정주의 명확성원칙에 위배되는지 여부(소극)

   헌법은 제12조 제1항 제2문 후단에서 "법률과 적법한 절차에 의하지 아니하고는 처벌·보안처분 또는 강제노역을 받지 아니한다."라고 규정하고, 제13조 제1항 전단에서 "모든 국민은 행위시의 법률에 의하여 범죄를 구성하지 아니하는 행위로 소추되지 아니하며"라고 하여 죄형법정주의 원칙을 천명하고 있다. 죄형법정주의 원칙은 법률이 처벌하고자 하는 행위가 무엇이며 그에 대한 형벌이 어떠한 것인지를 누구나 예견할 수 있고, 그에 따라 자신의 행위를 결정할 수 있게끔 구성요건을 명확하게 규정할 것을 요구한다. 형벌법규의 내용이 애매모호하거나 추상적이어서 불명확하면 무엇이 금지된 행위인지를 국민이 알 수 없어 법을 지키기가 어려울 뿐만 아니라, 범죄의 성립 여부가 법관의 자의적인 해석에 맡겨져서 죄형법정주의에 의하여 국민의 자유와 권리를 보장하려는 법치주의의 이념이 실현될 수 없기 때문이다. 그러나 구성요건이 다소 광범위하여 법관의 보충적인 해석이 필요하더라도 건전한 상식과 통상적인 법감정을 가진 사람으로 하여금 적용대상자와 금지되는 행위를 충분히 알 수 있도록 규정하고 있다면 명확성원칙에 위배된다고 할 수 없다.

   심판대상조항은 허위재무제표작성죄 및 허위감사보고서작성죄에 대한 벌금형으로 '그 위반행위로 얻은 이익 또는 회피한 손실액'의 '2배 이상 5배 이하의 벌금'이라는 배수벌금형을 규정하고 있다.

   심판대상조항에서 사용된 '위반행위', '얻은', '이익', '회피', '손실액' 등의 개념 자체는 건전한 상식과 통상적인 법감정을 가진 수범자라면 누구라도 손쉽게 그 의미를 파악할 수 있다. 따라서 심판대상조항은 죄형법정주의 명확성원칙에 위배되지 않는다.

2. 심판대상조항이 책임과 형벌 간의 비례원칙에 위배되는지 여부(적극)

입법자가 형벌이라는 수단을 선택함에 있어서는 그 형벌이 불법과 책임의 경중에 일치하도록 하여야 하고, 만약 선택한 형벌이 구성요건에 기술된 불법의 내용과 행위자의 책임에 일치되지 않는 과도한 것이라면 이는 비례의 원칙을 일탈한 것으로 헌법상 용인될 수 없다.

심판대상조항은 허위재무제표작성죄 및 허위감사보고서작성죄에 대하여 배수벌금형을 규정하면서도, '**그 위반행위로 얻은 이익 또는 회피한 손실액이 없거나 산정하기 곤란한 경우**'에 관한 벌금 상한액을 규정하고 있지 않기 때문에, 그와 같은 경우 법원이 죄질과 책임에 상응하는 벌금형을 선고할 수 없도록 하여 책임과 형벌 간의 비례원칙에 위배된다.

비교판례

'감사보고서에 기재하여야 할 사항을 기재하지 아니하는 행위'를 범죄의 구성요건으로 규정한 구 주식회사의외부감사에관한법률 제20조 제1항 제2호 전단이 죄형법정주의상 요구되는 명확성의 원칙에 위배된다. 그러나 '감사보고서에 허위의 기재를 하는 행위'를 범죄의 구성요건으로 규정한 이 사건 법률조항 후단이 죄형법정주의상 요구되는 명확성의 원칙에 위배되지 아니한다(2004.1.29. 2002헌가20).

CASE 02 | 공연한 방법으로 상관을 모욕한 사람을 처벌하는 군형법 중 '상관'의 의미가 불명확하여 명확성원칙에 위반되는지 여부(소극)

2024.8.29. 2022헌가7

상관은 명령복종 관계에서 명령권을 가진 사람, 상위 계급자, 상위 서열자를 포함하며, 심판대상조항의 입법목적이나 보호법익 그리고 상관의 개념에 관한 군형법 및 군인사법 등 관계법령의 내용 등을 종합하면, 수범자는 어떠한 행위가 금지, 처벌되는지를 충분히 파악할 수 있고, 법을 해석 또는 집행하는 기관이 심판대상조항을 자의적으로 확대하여 해석하거나 집행할 염려도 없으므로, 심판대상조항 중 '상관' 부분은 명확성원칙에 위반되지 아니한다.

CASE 03 | '마약류 관리에 관한 법률' 제2조 제3호 가목에 해당하는 향정신성의약품의 수취행위를 무기 또는 5년 이상의 징역에 처하는 마약류관리법 제58조 제1항

2024.7.18. 2023헌바375

가목 향정신성의약품의 수취행위는 교부행위와 짝을 이루어 향정신성의약품의 확산을 촉진할 뿐만 아니라, 추가적인 판매·교부 및 매수·수취 등의 행위로 이어질 가능성을 내포하여 향정신성의약품의 유통에 기여하므로, 죄질과 책임이 가볍다고 볼 수 없다. 심판대상조항은 법정형의 하한이 징역 5년이어서 법률상 감경이나 정상참작감경을 하게 되면 집행유예가 가능하므로, 죄질이 경미하고 비난가능성이 적은 구체적인 사안의 경우 법관의 양형 단계에서 그 책임에 상응하는 형벌이 부과될 수 있다. 따라서 심판대상조항은 책임과 형벌 간의 비례원칙에 위반되지 않는다.

CASE 04	**형법 제70조 제2항 위헌제청**

2025.2.27. 2024헌가8

형법 제37조 후단 경합범에 관하여 노역장 유치명령을 선고함에 있어 판결이 확정된 죄와 동시에 재판받을 경우와의 형평을 고려하여 노역장 유치기간의 하한에 관한 제한을 적용받지 않을 수 있도록 하는 예외조항을 두지 아니한 구 형법 제70조 제2항이 벌금 미납자의 신체의 자유를 침해하는지 여부(소극)

심판대상조항은 노역장 유치가 고액 벌금의 납입을 회피하는 수단으로 이용되는 것을 막고 1일 환형유치금액에 대한 형평성을 제고하기 위한 것으로 입법목적이 정당하고, 수단의 적합성도 인정된다.

심판대상조항은 벌금의 납입을 강제하고 유치금액에 대한 형평성을 제고하기 위한 것인바, 이러한 공익은 매우 중대하다. 반면, 법원은 후단 경합범의 죄에 대하여 판결을 선고하는 경우 형법 제39조 제1항에 따라 형을 감경하거나 면제할 수 있는 등 양형과정에서 유치기간의 하한을 참작함으로써 구체적 형평을 기할 수 있으므로 심판대상조항으로 인하여 제한받는 사익이 위 공익에 비하여 크다고 단정하기 어려우므로, 심판대상조항은 법익의 균형성도 충족하였다. 따라서 심판대상조항은 과잉금지원칙에 위반하여 신체의 자유를 침해한다고 볼 수 없다.

CASE 05	**'감염병의 예방 및 관리에 관한 법률' 제49조 제1항 제14호에 따라 감염병의심자를 적당한 장소에 일정한 기간 격리시키는 조치(이하 '격리 조치'라 한다)를 위반한 자를 1년 이하의 징역 또는 1천만 원 이하의 벌금에 처한다고 규정한 '감염병의 예방 및 관리에 관한 법률' 제79조의3 제5호 중 '제49조 제1항 제14호에 따른 격리 조치를 위반한 자'에 관한 부분** *합헌결정

2025.4.10. 2021헌바329

1. 쟁점

    (1) 심판대상조항은 감염병예방법 제49조 제1항 제14호에 따라 질병관리청장, 시·도지사, 시장·군수·구청장이 감염병을 예방하기 위하여 감염병의심자를 적당한 장소에 일정한 기간 격리시키는 조치(이하 '격리 조치'라 한다)를 하였으나 이를 위반한 감염병의심자를 처벌함으로써 감염병의심자가 특정 장소에서 일정한 기간 동안 머물도록 강제하여 신체적 이동의 자유인 신체의 자유를 제한한다. 따라서 심판대상조항이 과잉금지원칙에 위배되어 청구인의 신체의 자유를 침해하는지 여부가 문제된다.
    청구인은 심판대상조항으로 인하여 일반적 행동자유권도 침해된다고 주장하나, 가장 밀접한 기본권인 신체의 자유 침해 여부를 살펴보는 이상, 일반적 행동자유권 침해 여부에 관하여는 별도로 판단하지 아니한다.

    (2) 한편 청구인은 감염병예방법이 감염병에 감염되었다는 사실을 인지하지 않은 채 감염병을 실제로 전파시킨 자에 대한 형사처벌 규정을 두지 않은 반면에, 격리 조치를 위반한 감염병의심자의 경우 감염병을 전파한 사실이 없음에도 처벌하고 있어 심판대상조항이 평등원칙에 위반된다는 취지로도 주장하나, 이러한 주장은 심판대상조항이 과도하게 감염병의심자의 기본권을 제한하여 과잉금지원칙에 위반된다는 주장과 다름없으므로, 따로 판단하지 아니한다.

(3) 또한 청구인은 감염병예방법 제2조 제15의2호에서 정한 '감염병의심자'는 감염병환자등과의 접촉이 의심되는 기준이나 범위 등이 불명확하여 행정주체가 감염병의심자의 범위를 자의적으로 판단할 여지가 있으므로 이를 구성요건으로 삼아 처벌하는 심판대상조항은 죄형법정주의 명확성원칙에 반한다는 취지로도 주장한다. 그런데 이러한 주장은 심판대상조항의 적용대상인 '감염병의심자'의 광범위성, 포괄성을 다투는 것이므로, 과잉금지원칙 위반 여부를 판단하면서 위 주장을 검토하고, 명확성원칙 위반 여부에 관하여 별도로 판단하지 아니한다.

2. 재판관 문형배, 재판관 김형두, 재판관 정정미, 재판관 정형식의 합헌의견

(1) 목적의 정당성 및 수단의 적합성

심판대상조항은 위와 같은 상황에 부응하여 감염병의심자에 대한 격리 조치를 강제함으로써 감염병의 전파를 방지하고 국민의 생명과 건강을 보호하기 위한 것이므로, 그 목적의 정당성이 인정된다. 또한 사람과 사람 사이에 전염되는 감염병의 확산을 차단하기 위하여 감염병의심자가 격리 조치를 위반한 경우 이를 형사처벌하는 것은 위와 같은 입법목적의 달성에 유효한 수단이므로, 수단의 적합성 또한 인정된다.

(2) 피해의 최소성

① 헌법 제34조 제6항에 따라 국가는 재해를 예방하고 그 위험으로부터 국민을 보호하기 위하여 노력하여야 한다. 특히 감염병의 확산과 같이 개인이 인식하기 어렵고 스스로의 노력만으로는 통제할 수 없는 위험 상황으로부터 국민을 보호하기 위한 국가의 체계적이고 총체적인 대응이 요구되는바, 국가는 이러한 위험을 효율적으로 예방하기 위한 보호의무를 부담한다.

심판대상조항은 감염병의 예방 및 확산 방지라는 목적을 효과적으로 달성함과 동시에 감염병에 대한 선제적·적극적 대응으로서의 격리 조치에 실효성을 담보함으로써 국가의 보호의무가 충실히 이행되도록 하기 위하여 구체적 위험이 확인되지 않은 위험 의심 상황에서의 개입이 가능하도록 한 것이다. 만약 감염병의 발생 초기에 신속하고 적절한 방역조치를 취하지 못하고 감염병의 유행이 걷잡을 수 없이 확산된다면 이는 곧 의료시스템과 방역시스템의 붕괴로 이어질 수도 있다. 특히 코로나19와 같이 비말을 통한 공기 중 전파를 통해 전염되고, 증상 잠복기에 있는 사람 내지 무증상자에 의해서도 감염이 이루어지며, 노년층·기저질환자에 대하여 상대적으로 높은 치명률을 가진 전염병이 창궐하는 경우, 감염병 확산 초기 단계에서 개인 간 접촉 감소를 통해 감염 확산의 차단을 도모하는 것은 감염의 예방 및 통제를 위해 매우 긴요하다.

② 심판대상조항이 비록 아직 감염병의심자에 해당하여 감염 여부나 감염병 전파 가능성이 확인되지 않은 사람이라 하더라도 그에 대한 격리 조치의 위반행위를 처벌하는 것은, 감염병의 감염위험 정도나 전파 경로 및 속도 등을 미리 속단하기 어려운 상황에서 방역당국이 전문적 판단재량에 기하여 감염병의 성질과 전파 정도, 유행상황이나 위험의 정도, 치료방법의 개발 등에 따라 그 규율의 범위를 판단하여 필요하고도 적절한 조치를 취할 수 있도록 하기 위한 것이다. 더욱이 새로운 감염병의 감염위험 정도나 전파 정도는 해당 감염병에 대한 속성이 파악되고 그 정보가 누적될 때까지 예측하기 어려운 특징이 있다. 오늘날의 감염병은 과거 사스나 메르스 사태에서 경험한 바와 같이 그 종류와 위험성, 전파성 등이 매우 다양한 관계로 과거의 방역 경험이 전혀 도움이 되지 않는 경우도 발생하고 있다. 이러한 점에 비추어 보아도 유행하는 해당 감염병의 정보가 어느 정도 축적되어 관리가 가능하게 되기 전까지는 방역당국이 감염병 차단과 예방에 필요한 조치에 대하여 폭넓은 재량을 가지고 주도할 필요성이 크다.

③ 심판대상조항이 감염병의심자가 격리 조치를 위반한 경우 형사처벌하도록 규정한 것은 감염병의심자와 다른 사람들 사이의 접촉을 통한 감염병의 전파가능성을 차단하려는 격리 조치의 실효성을 담보하기 위한 것이다. 특히 코로나19의 경우 비말이 공기 중으로 전파되어 전염될 수 있고, 증상 잠복기에 있는 사람 내지 무증상자에 의해서도 감염이 이루어지며, 감염병의심자의 코로나19 감염 여부는 증상 발현까지 일정 시간이 경과한 후 추가적인 검사를 통해 알

수 있을 뿐이므로, 감염병의심자가 격리 조치를 위반한 경우 형사처벌하는 것은 선제적·적극적인 감염병 예방수단인 격리 조치의 실효성을 담보하기 위하여 불가피하다.

더욱이 상대적으로 국토의 면적이 좁아 인구밀도가 높은 우리나라의 인문지리적 생활환경과 더불어, 대부분의 인구가 몇몇 대도시와 그 인근지역에 과밀상태로 집중거주하고 있으며 아파트 등 집단주거가 대도시 주거형태의 근간을 이루고 있는 우리나라의 주거여건을 고려하면, 코로나19와 같이 사람 사이에 전파가 쉽게 이루어지고 감염 경로 또한 다양한 신종 감염병이 유행하는 상황에서 감염병의심자에게 격리 조치를 명함으로써 일정한 장소에서 머무르며 외출하지 않도록 하는 것은 강화된 방역을 위해 필요한 조치라고 할 것이다. 만일 심판대상조항을 통해 이러한 격리 조치의 위반행위를 처벌하지 않고 방치할 경우, 감염병환자등과 접촉하였거나 접촉의 의심이 있는 감염병의심자가 격리 조치를 준수하지 아니하고 다시금 새로운 사람들과 접촉함으로써 특히 인구밀집지역을 중심으로 감염병이 걷잡을 수 없이 급속하게 확산될 우려가 있다.

④ 반면 형사처벌이 아니라 과태료를 부과하는 등의 행정적 제재수단만을 동원하는 방안은, 이러한 행정상의 조치가 형사처벌을 대체할 정도의 위하력을 갖추고 있다고 보기 어려우므로, 결국 심판대상조항과 동일하게 감염병의심자에 대한 격리 조치의 실효성을 담보하는 효과가 있다고 할 수 없다. 설사 외국의 입법례 가운데 감염병 예방을 위한 격리 조치를 위반한 경우 그에 대한 제재수단으로 과태료 등의 행정상 징벌만을 부과하는 경우가 존재한다 하더라도, 감염병으로 인해 제기될 수 있는 위기상황의 중대성이나 엄격한 대응의 필요성, 행정상 징벌이 갖는 위하력에 대한 국민적 인식 등 여러 구체적인 사정이 국가마다 다른 이상, 이러한 차이를 충분히 고려하지 아니하고 외국의 사례를 우리나라의 법제와 평면적으로 비교하거나 우리나라에 그대로 적용할 수는 없는 것이다.

또한 청구인은 전염병에 감염되지 아니한 감염병의심자가 격리 조치를 위반한 경우에도 형사처벌하는 것은 부당하다는 취지로 주장한다. 그러나 감염병의심자의 감염 여부는 격리 조치를 위반한 시점에 알 수 있는 것이 아니라 격리기간 중 또는 그 후 추가적인 검사를 통해서야 비로소 확인할 수 있는 것인바, 이처럼 사후적으로 드러나는 감염 여부에 따라 형사처벌을 면제할 수 있도록 하는 경우 오히려 실제로 감염의 위험이 있는 감염병의심자가 자의적인 판단에만 의존하여 격리장소를 함부로 이탈하여 자유롭게 이동하면서 감염병을 전파시킬 수 있다.

한편 사안에 따라서는 격리 조치를 위반하였으나 외출시간이 짧거나 타인과 접촉하지 않는 등 그로 인한 감염병 전파의 위험성이 낮다고 평가할 수 있는 경우가 존재할 수는 있다. 그러나 이러한 개개의 세부적인 사정 역시 격리 조치 위반행위가 이미 발생한 이후에야 비로소 알 수 있는 것으로, 심판대상조항에서 이러한 가벌대상의 예외를 일일이 구체화하여 규정하는 것은 불가능하다 할 것이고, 설령 이러한 사정이 있다 하더라도 이는 수사 또는 재판과정에서 충분히 고려되어 판단될 수 있다.

따라서 형사처벌이 아니라 과태료 등의 행정적 제재수단을 도입하는 방안, 또는 감염 여부 및 위반행위의 구체적 태양과 같이 사후적으로 확인될 수 있는 개별적인 사정에 따라 가벌대상을 달리하는 방안 등은 심판대상조항과 동일한 정도로 그 입법목적을 달성할 수 있는 실효적인 대안이라고 볼 수 없다.

⑤ 나아가 심판대상조항이 그 실효성을 확보하고자 하는 격리 조치는 감염병의심자에 한하여 적용되고, 감염병예방법상 '감염병의심자'의 범위는 '감염병환자등과 접촉하거나 접촉이 의심되는 사람'과 같이 일정하게 한정되어 있으며, 코로나19와 같이 비말을 통해 공기 중으로 전파되는 감염병에 대하여 격리 조치를 통해 감염병의심자가 여러 사람들과 접촉하지 않도록 할 공중보건상의 필요가 있다는 점을 모두 고려하면, 심판대상조항이 그 자체로 과도한 제한이라 보기도 어렵다.

비록 청구인은 심판대상조항이 적용되는 '감염병의심자'의 범위가 지나치게 불명확하다고 주장하나, 개개의 감염병 전파 방식이 각자 상이함에 따라 감염병의심자의 범위를 더 세부적으로 규정하기가 어렵고 특히 신종 감염병의 경우 감염 경로를 미리 특정하기 어려운 점을 고려할 때, 감염병예방법 제2조 제15의2호와 같이 감염병의심자의 범위를 정의한 것은 감염병의 예방 및 확산 방지라는 입법목적을 달성하기 위하여 불가피한 측면이 있다 할 것이다.

⑥ 한편 감염병예방법은 제41조의2 제1항 및 제3항에서 근로자가 격리되는 경우 사업주가 유급휴가를 주어야 하고 이때 국가가 그 비용을 지원할 수 있다고 규정하고 있고, 제70조의4 제1항에서는 질병관리청장, 시·도지사 및 시장·군수·구청장이 격리된 사람에 대하여 생활지원비를 지급하는 등 재정적 지원을 할 수 있도록 규정하고 있어, 이를 바탕으로 질병관리청고시에서 정한 금액으로 유급휴가비용과 생활지원비 지원이 이루어지고 있다. 따라서 설사 감염병의심자가 격리 기간 동안 근로에 종사하지 못하게 되는 등 소득활동을 지속하거나 생계를 영위하기 어려운 상황에 놓이는 경우가 발생할 수 있다 하더라도 이는 위와 같은 비용지원 제도를 통해 해결될 수 있으므로, 심판대상조항에 따른 형사처벌을 무릅쓰면서까지 격리 조치를 위반하지 않고서는 생활의 유지가 불가능해지는 상황이 초래된다고 할 수 없다.

또한, 격리 조치는 감염병의 예방을 위한 행정청의 처분으로서 감염병환자등과의 접촉 등에 따른 해당 감염병의심자의 감염병 전파위험성이 낮아졌다고 평가할 수 있는 기간만큼 이루어지는 것이고, 이때에도 '처분'의 속성상 공익목적의 달성에 적합하고 피해가 최소화되도록 하여야 한다는 비례원칙의 구속을 받으므로(2024.6.27. 2021헌바178 참조), 대개의 경우 통상 그 효력기간이 비교적 단기간으로 설정될 수밖에 없다. 그렇다면 감염병예방법이 격리 조치에 대한 해제 절차 또는 구제신청 등의 즉각적인 불복수단을 마련하고 있지 않다 하여, 심판대상조항을 통해 격리 조치가 강제됨으로써 감염병의심자가 받게 되는 신체적 자유에 대한 제한의 정도가 도저히 감내하기 어려운 수준에까지 이르게 된다고 보기는 어렵다.

⑦ 이상의 사정들을 종합하여 보면, 심판대상조항이 감염병의 확산을 차단하기 위하여 감염병의심자의 신체의 자유를 제한하는 것이 피해의 최소성에 반한다고 볼 수 없다.

(3) 법익의 균형성

사스, 신종플루, 메르스, 코로나19 등으로 이어져온 대규모 감염병의 발생 및 전파사례를 보면, 차후에도 이와 유사한 대규모 감염병이 창궐할 가능성은 상존한다. 심판대상조항으로 보호되는 공익은 이와 같이 반복되는 감염병의 위협으로부터 공동체 구성원 전체의 생명과 건강을 보호하는 것이다. 이러한 중대한 공익에 비하여 청구인이 입는 신체의 자유의 제한 정도가 더 크다고 단정하기 어려우므로, 법익의 균형성도 충족된다.

(4) 소결

심판대상조항은 과잉금지원칙에 위반되어 청구인의 신체의 자유를 침해하지 아니하므로 헌법에 위반되지 않는다.

3. 재판관 이미선, 재판관 김복형, 재판관 조한창, 재판관 정계선의 위헌의견

감염병의심자라고 하여 감염병 전파의 위험성이 모두 동일하다고 할 수 없고, 특히 이미 감염병병원체를 보유하였거나 그렇다고 의심되는 '감염병환자등'과 그와 단순히 접촉하였거나 접촉이 의심될 뿐인 '감염병의심자'는 감염병 전파의 위험성에 있어 분명한 차이가 있다. 또한 '격리 조치 위반행위' 가운데에는 그 구체적 태양에 따라 감염병 전파의 위험성이 발생하였다고 보기 어려운 경우도 있을 수 있다. 그럼에도 심판대상조항은 감염병 전파의 구체적 위험이 있는지 여부를 구별하지 아니한 채 격리 조치를 위반한 감염병의심자를 모두 처벌대상으로 삼고 있는바, 그로 인해 처벌의 범위가 지나치게 넓어질 우려가 있다. 한편 감염병 전파의 구체적 위험이 없는 단순한 격리 조치 위반행위에 대해서는 과태료 등의 행정적 제재를 부과하는 것만으로도 심판대상조항의 목적을 달성할 수 있고, 반드시 최후적·보충적 수단인 형벌을 부과해야만 격리 조치의 이행을 확보할 수 있다고 단정할 수는 없다. 그렇다면 심판대상조항은 감염병 전파의 구체적 위험이 있다고 보기 어려운 경우까지도 모두 처벌대상으로 삼고 있어 그 처벌의 범위가 필요최소한으로 제한되어 있지 않고, 과태료 등 행정적 제재수단만으로는 입법목적을 달성할 수 없다고 단정하기 어려운 위반행위에 대해서도 일률적으로 형사처벌을 과하여 형벌의 보충성 내지 최후수단성에도 반하므로, 과잉금지원칙에 위반되어 신체의 자유를 침해한다.

CASE 06 코로나 3단계에서 변호인 접견 일반접견실 실시 행위

2025.2.27. 2021헌마368

1. 구치소장이 코로나바이러스감염증-19 확산으로 인한 법무부의 지침 등에 따라, 2020.12.8.부터 변호인 접견을 변호인 접견실이 아닌 일반접견실에서 실시하도록 한 행위가 변호인의 조력을 받을 권리를 침해하는지 여부 (소극)

(1) 제한되는 기본권

변호인의 조력을 받을 권리란 국가권력의 일방적인 형벌권 행사에 대항하여 자신에게 부여된 헌법상·소송법상 권리를 효율적이고 독립적으로 행사하기 위하여 변호인의 도움을 얻을 피의자 및 피고인의 권리를 말한다. 미결수용자는 접촉차단시설이 설치되지 아니한 변호인 접견실에서 변호인을 접견할 권리가 있다. 청구인은 이 사건 변호인 접견장소 제한 행위로 인하여 접촉차단시설이 설치된 일반접견실에서 변호인 접견을 하게 되었는바, 위 행위가 과잉금지원칙에 반하여 청구인의 변호인의 조력을 받을 권리를 침해하는지 여부를 판단하기로 한다.

(2) 침해 여부

변호인 접견장소 제한 행위는 코로나바이러스감염증-19(이하 '코로나19'라 한다)의 교정시설 내부로의 확산을 방지하여 교정시설 내 수용자 및 교정업무 종사자의 생명과 건강을 보호하기 위한 것으로 그 목적이 정당하고, 수단의 적합성도 인정된다.

교정시설은 다수의 수용자가 밀폐된 공간에서 밀집하여 생활하는 특성상 외부로부터 감염병 전파를 원천적으로 차단하는 것이 무엇보다 중요하다. 변호인 접견장소 제한 행위가 있었던 2020.12.8.부터 2021.1.15.까지는 코로나19의 빠른 확산세로 인하여 수도권 지역에서 '사회적 거리두기 2.5단계'가 실시되었고, 서울동부구치소에서 2020.12. 중순경 집단감염사태가 발생하여 2020.12.31.부터 2021.1.13.까지 '교정시설 사회적 거리두기'가 3단계로 격상되었다. 변호인 접견장소 제한 행위는 위와 같이 코로나19의 심각성이 최고조에 달했을 때 이루어진 국가적 방역조치의 일환으로서 코로나19의 교정시설 내부 확산을 방지하기 위한 한시적 조치였다. 피청구인은 변호인과의 접견 시간이나 횟수는 제한하지 아니하고, 단지 그 접견장소만을 유리벽으로 된 접촉차단시설이 설치된 일반접견실에서 하도록 하였으며, 수용자와 변호인 사이의 접견내용을 녹화하거나 녹음하지도 아니하였다. 그러므로 변호인 접견장소 제한 행위가 침해의 최소성에 위반된다고 볼 수 없다.

청구인은 변호인 접견장소 제한 행위로 인하여 효율적인 재판준비를 하는 것이 다소 어려울 수 있다. 그러나 변호인 접견장소 제한 행위는 대규모 감염병의 위협으로부터 교정시설 내 수용자 및 교정업무 종사자의 생명과 건강을 보호하기 위한 것으로, 청구인이 제한받는 사익이 이러한 공익에 비하여 크다고 단정하기 어렵다. 따라서 법익의 균형성도 충족하였다. 그러므로 변호인 접견장소 제한 행위는 과잉금지의 원칙에 위반하여 변호인의 조력을 받을 권리를 침해한다고 볼 수 없다.

비교판례 1

변호사와 접견하는 경우에도 수용자의 접견은 원칙적으로 접촉차단시설이 설치된 장소에서 하도록 규정하고 있는 형의 집행 및 수용자의 처우에 관한 법률 시행령은 수용자의 재판청구권을 침해한다(2013.8.29. 2011헌마122).

비교판례 2

소송사건의 대리인인 변호사가 수형자를 접견하고자 하는 경우 소송계속 사실을 소명할 수 있는 자료를 제출하도록 규정하고 있는 '형의 집행 및 수용자의 처우에 관한 법률 시행규칙'은 직업수행의 자유를 침해한다(2021.10.28. 2018헌마60).

> 비교판례 3

민사재판, 행정재판, 헌법재판 등에서 소송사건의 대리인이 되려고 하는 변호사는 아직 소송대리인으로 선임되기 전이라는 이유로 접촉차단시설이 설치된 장소에서 일반접견의 형태로 수용자를 접견하도록 한 '형의 집행 및 수용자의 처우에 관한 법률 시행령'은 직업수행의 자유를 침해한다고 할 수 없다(2022.2.24. 2018헌마1010).

2. 피청구인이 2020.9.12.부터 2021.1.15.까지 청구인의 일반·화상접견을 제한한 행위가 접견교통권을 침해하는지 여부(소극)

(1) 제한되는 기본권

미결수용자가 가족과 접견하는 것은 헌법 제10조가 보장하고 있는 인간으로서의 존엄과 가치 및 행복추구권에 포함되는 헌법상의 기본권에 해당한다. 수용자는 시설의 안전을 해칠 우려가 있는 때 등의 사유가 있는 것이 아닌 한 교정시설의 외부에 있는 사람과 접견할 수 있고 미결수용자의 접견 횟수는 매일 1회로 하는 것이 원칙이다. 9.12. 이후 일반·화상접견 제한 행위는 미결수용자와 외부인 사이의 일반·화상접견의 횟수를 제한하거나 이를 중단함으로써 미결수용자의 접견교통권을 제한하는 것이므로, 위 행위가 과잉금지원칙에 반하여 청구인의 접견교통권을 침해하는지 여부를 살펴보기로 한다.

(2) 침해 여부

일반·화상접견 제한 행위는 코로나19의 교정시설 내부로의 확산을 방지하여 교정시설 내 수용자 및 교정업무 종사자의 생명과 건강을 보호하기 위한 것으로 그 목적이 정당하고, 수단의 적합성도 인정된다.

일반·화상접견 제한 행위는 수용자, 교정업무 종사자 및 민원인 사이의 대면 접촉을 최소화하거나 차단함으로써 코로나19의 교정시설 내부로의 확산을 방지하기 위한 불가피한 조치였고, 달리 덜 침해적인 수단을 상정하기 어렵다. 피청구인은 코로나19의 확산 정도 및 교도소 내 방역조치의 필요성에 따라 미결수용자와 일반인의 접견 횟수를 조정하는 한편, 그 과정에서도 미결수용자가 외부와 교류할 수 있도록 전화접견을 허용하는 등 최소한의 조치를 취하였다. 따라서 일반·화상접견 제한 행위가 침해의 최소성에 위반된다고 볼 수 없다.

청구인은 일반·화상접견 제한 행위로 인하여 접견교통권이 종전보다 제한되는 불이익을 입게 되었으나, 코로나19로부터 교정시설 내 수용자 및 교정업무 종사자의 생명과 건강을 보호하고자 하는 공익은 매우 중대하므로 이러한 공익에 비하여 청구인이 입는 접견교통권의 제한 정도가 더 크다고 단정하기 어렵다. 따라서 법익의 균형성도 충족된다.

그러므로 일반·화상접견 제한 행위는 과잉금지의 원칙에 위반하여 접견교통권을 침해한다고 볼 수 없다.

> 비교판례 1

군형행법에 근거가 없이 접견교통권을 제한하는 미결수용자의 면회횟수를 주 2회로 제한한 군행형법 시행령 제43조는 헌법 제37조 제2항 및 제75조에 위반된 기본권 제한으로써 접견교통권 침해이다(2003.11.27. 2002헌마193).

> 비교판례 2

미결수용자의 가족이 인터넷화상접견이나 스마트접견과 같이 영상통화를 이용하여 접견할 권리가 접견교통권의 핵심적 내용에 해당되어 헌법에 의해 직접 보장된다고 보기도 어렵다. 미결수용자의 배우자에 대해서는 이를 허용하지 않는 구 '수용관리 및 계호업무 등에 관한 지침'에 의한 접견교통권 제한이나 행복추구권 또는 일반적 행동자유권의 제한 역시 인정하기 어렵다 (2021.11.25. 2018헌마598).

05 개인정보자기결정권

CASE 01 성폭력범죄의 처벌 등에 관한 특례법 제42조 제1항 본문 위헌확인 등
2025.1.23. 2021헌마853·1294(병합)

1. '아동에게 음란한 행위를 시키거나 이를 매개하는 행위 또는 아동에게 성적 수치심을 주는 성희롱 등의 성적 학대행위를 하였다는 범죄사실로 유죄판결이 확정된 자'를 신상정보 등록대상자로 정한 성폭력범죄의 처벌 등에 관한 특례법 제42조 제1항 본문 중 아동·청소년의 성보호에 관한 법률 제2조 제2호 라목의 '구 아동복지법 제17조 제2호의 범죄로 유죄판결이 확정된 자'에 관한 부분이 과잉금지원칙을 위반하여 개인정보자기결정권을 침해하는지 여부(소극)

    이 사건 등록조항은 아동·청소년대상 성범죄를 포함한 성범죄의 재범을 억제하고 성폭력범죄자의 조속한 검거 등 효율적 수사를 통하여 사회적 혼란을 방지하기 위한 것이다. 전과기록이나 수사경력자료는 보다 좁은 범위의 신상정보를 담고 있고, 정보의 변동이 반영되지 않는다는 점에서 이 사건 등록조항에 의한 정보 수집과 동일한 효과를 거둘 수 있다고 보기 어렵다. 이 사건 등록조항은 구 아동복지법 제17조 제2호를 위반하였다는 범죄사실(이하 '이 사건 범죄'라 한다)을 저지른 개별 행위자의 형사책임의 경중을 기준으로 하여 신상정보 등록 여부나 등록대상 신상정보 등을 세분화하고 있지 않다. 그러나 개별 사안에서 이 사건 범죄의 행위태양이나 불법성의 경중 등이 다양하게 나타날 수 있다고 하여도, 아동이 범죄에 대한 대처능력이 성인보다 떨어지고 신체적·정신적 발달이 완전히 이루어지지 않았다는 점을 이용한 범죄로서 아동을 성적 대상화하고, 아동의 완전하고 조화로운 인격발달을 현저하게 저해하여 1차적으로는 그 아동의 전 생애에, 2차적으로는 그 아동이 속한 가정과 사회에 악영향을 끼칠 수 있다는 이 사건 범죄의 성격이 달라지는 것은 아니므로, 이 사건 등록조항이 이 사건 범죄의 개별 행위별로 또는 금지행위의 개별적·구체적 사안을 구분하여 규정하지 않았다고 하여 입법목적 달성을 위한 불필요한 제한을 부과하는 것으로 볼 수 없다. 나아가 이 사건 등록조항으로 인하여 개인정보의 주체가 입게 되는 불이익이 이 사건 등록조항에 의하여 달성되는 공익에 비하여 결코 크다고 볼 수 없으므로, 이 사건 등록조항은 과잉금지원칙을 위반하여 청구인들의 개인정보자기결정권을 침해하지 않는다.

2. 법무부장관으로 하여금 신상정보 등록의 원인이 된 성범죄로 벌금형을 선고받은 사람의 등록정보를 10년간 보존·관리하도록 규정한 성폭력처벌법 제45조 제1항 본문 제4호(이하 '이 사건 관리조항'이라 한다)가 과잉금지원칙을 위반하여 개인정보자기결정권을 침해하는지 여부(소극)

    이 사건 관리조항은 성범죄의 재범을 억제하고 재범이 현실적으로 이루어진 경우 수사의 효율성과 신속성을 높이기 위하여, 법무부장관이 등록대상 성범죄로 벌금형을 선고받은 사람의 등록정보를 최초등록일부터 10년 동안 보존·관리하도록 규정한 것이다. 헌재 2015.7.30. 2014헌마340등 헌법불합치결정에 따라 개정된 성폭력처벌법 제45조 제1항은 선고형에 따라 등록기간을 10년부터 30년까지 달리하여 형사책임의 경중 및 재범의 위험성에 따라 등록기간을 차등화하였고, 또한 신상정보등록 면제제도를 도입하여 재범의 위험성이 낮아진 경우 신상정보의 등록을 면할 수 있는 수단을 마련하고 있으므로, 이 사건 관리조항은 등록기간을 형사책임의 경중에 따라 세분화하고 일정한 경우 그 기간을 단축할 수 있도록 함으로써 기본권 침해를 최소화하고 있다. 나아가 이 사건 관리조항으로 인하여 그 자체로 신상정보 등록대상자의 일상생활이 방해받는 것은 아닌 반면, 이 사건 관리조항을 통하여 달성하려는 성범죄자의 재범 방지 및 수사의 효율성이라는 공익은 크므로, 이 사건 관리조항은 과잉금지원칙을 위반하여 청구인의 개인정보자기결정권을 침해하지 않는다.

비교판례

통신매체이용음란죄 신상정보 등록은 비교적 불법성이 경미한 통신매체이용음란죄를 저지르고 재범의 위험성이 인정되지 않는 이들의 신상정보까지 등록한다는 점에서 개인정보자기결정권을 침해한다(2016.3.31. 2015헌마688).

06 표현의 자유

CASE 01 | 테러단체 가입을 타인에게 선동하는 사람을 처벌하는 테러방지법 제17조
2025.1.23. 2019헌바317

1. 제한되는 기본권 – 쟁점의 정리

가입선동조항은 타인에게 테러단체 가입을 선동하는 행위를 처벌함으로써, 자발적인 결단에 따라 형성한 의사를 위 행위를 통하여 타인에게 알리고자 하는 **표현의 자유를 제한한다**. 가입선동조항에 의하여 양심에 따른 행동을 할 자유가 제한되는 측면이 있기는 하나 이러한 행동이 표현행위를 통하여 이루어지는 이상 가입선동조항으로 인하여 보다 직접적으로 제한되는 기본권은 표현의 자유라고 할 것이고, 가입선동조항은 개인의 결단이 내심에 머무르는 한 양심을 형성하고 양심상의 결정을 내리는 자유, 즉 양심형성의 자유 그 자체를 직접 제한하지는 아니하므로, 가입선동조항의 위헌성은 **표현의 자유 침해 여부**를 기준으로 판단한다.

2. 명확성원칙 위반 여부

모든 법규범의 문언을 순수하게 기술적 개념만으로 구성하는 것은 입법기술적으로 불가능하고, 다소 광범위하여 어느 정도의 범위에서는 법관의 보충적인 해석을 필요로 하는 개념을 사용하였다고 하더라도, 통상의 해석방법에 의하여 건전한 상식과 통상적인 법감정을 가진 사람이라면 당해 처벌법규의 보호법익과 금지된 행위 및 처벌의 종류와 정도를 알 수 있도록 규정하였다면 헌법이 요구하는 명확성원칙에 반한다고 할 수는 없다 할 것이다. 그리고 법규범이 명확한지 여부는 그 법규범이 수범자에게 법규의 의미내용을 알 수 있도록 공정한 고지를 하여 예측가능성을 주고 있는지 여부 및 그 법규범이 법을 해석·집행하는 기관에게 충분한 의미내용을 규율하여 자의적인 법해석이나 법집행이 배제되는지 여부, 다시 말하면 예측가능성 및 자의적 법집행 배제가 확보되는지 여부에 따라 이를 판단할 수 있는데, 법규범의 의미내용은 그 문언뿐만 아니라 입법목적이나 입법취지, 입법연혁, 그리고 법규범의 체계적 구조 등을 종합적으로 고려하는 해석방법에 의하여 구체화하게 되므로, 결국 법규범이 명확성원칙에 위반되는지 여부는 위와 같은 해석방법에 의하여 그 의미내용을 합리적으로 파악할 수 있는 해석기준을 얻을 수 있는지 여부에 달려 있다.

가입선동조항에서 말하는 '테러단체 가입 선동', '선동의 주체 및 객체', 그리고 '선동행위' 등의 의미는 관련 조항의 체계적 해석과 대법원 판례 등을 통하여 명확히 해석되므로, 죄형법정주의의 명확성원칙에 위반되지 않는다.

3. 표현의 자유 침해 여부

테러단체에 의한 테러의 실행 또는 실행의 위험성을 사전에 차단하여 테러로부터 국민의 생명과 재산을 보호하고 국가 및 공공의 안전을 확보하려는 가입선동조항의 입법목적은 정당하고, 테러단체 가입을 선동하는 행위를 독립적인 구성요건으로 규정하여 처벌할 경우 테러단체의 확장·증대를 방지함으로써 테러단체에 의한 테러의 실행 또는 실행의 위험성을 사전에 차단하는 데 기여할 수 있으므로 수단의 적합성도 인정된다.

테러행위의 실행·예비·음모 및 테러단체의 구성·가입을 처벌하는 것만으로는 가입선동조항의 입법목적을 동일한 정도로 달성할 수 있다고 보기 어려운 점, 가입선동조항은 테러단체의 가입을 선동하는 행위만을 처벌하고, 피선동자에게 테러단체 가입의 결의를 유발하거나 증대시킬 위험성이 인정되어야 테러단체 가입 선동죄의 '선동행위'에 해당하는 점, 가입선동조항의 법정형이 과중하거나 불합리하다고 볼 수 없는 점 등을 고려하면 피해의 최소성도 인정된다.

테러의 실행 또는 실행의 위험성을 사전에 차단하여 테러로부터 국민의 생명과 재산을 보호하고 국가 및 공공의 안전을 확보하려는 공익이 중대한 반면, 가입선동조항은 피선동자에게 테러단체 가입의 결의를 유발하거나 증대시킬 위험성이 인정되는 표현행위만을 규율하므로, 가입선동조항은 법익의 균형성도 충족한다. 따라서 가입선동조항은 과잉금지원칙에 위반되지 아니한다.

CASE 02 감염병의 예방 및 관리에 관한 법률 제49조 제1항 제2호 등 위헌소원

2024.8.29. 2022헌바177

1. 감염병을 예방하기 위하여 집회를 제한하거나 금지하는 구 '감염병의 예방 및 관리에 관한 법률'이 죄형법정주의의 명확성의 원칙에 위배되는지 여부(소극)

심판대상조항은 집회제한 등 조치의 부과주체를 시·도지사 등이라고 명기하고 있고, '감염병의 예방 및 관리에 관한 법률' 제2조는 예방조치가 요구되는 감염병의 종류를 명확하고 구체적으로 규정하고 있다. 또한 '예방'은 질병이나 재해 따위가 일어나기 전에 미리 대처하여 막는다는 것이므로 그 의미가 명확하기에 '감염병을 예방하기 위하여' 부분이 불명확하다고 볼 수 없다. 심판대상조항을 근거로 발령되는 방역당국의 집회제한 등 조치는 그 성격상 특정 상대방에게 장소와 시기를 특정하여 집회를 제한하거나 금지하는 조치를 지시하는 내용이 될 수밖에 없기에 금지의무의 구체적인 내용이 행위자에게 인식될 수 있다. 따라서 심판대상조항은 죄형법정주의의 명확성원칙에 위배되지 아니한다.

2. 감염병을 예방하기 위하여 집회를 제한하거나 금지하는 구 '감염병의 예방 및 관리에 관한 법률'이 과잉금지원칙에 위배되어 집회의 자유를 침해하는지 여부(소극)

(1) 목적의 정당성 및 수단의 적합성

심판대상조항은 감염병의 확산을 방지하고 국민의 생명과 건강을 보호하기 위한 것으로 입법목적의 정당성이 인정된다. 집회를 제한·금지하여 전염병 확산을 차단하는 것은 목적 달성을 위한 적합한 수단이다.

(2) 침해의 최소성

감염병 초기의 신속한 방역조치를 통해 의료·방역시스템 붕괴를 예방하고, 개인 간 접촉을 줄이는 방안으로 집회 제한이 긴요하다. 보건당국이 유행하는 감염병의 속성에 따라 적절한 조치를 판단할 수 있도록 폭넓은 재량을 인정할 필요가 있으며, 집회 제한은 사전 예방 차원에서 효과적인 조치이다. <u>집회 제한은 감염병 전파를 방지하기 위한 물리적 거리 확보를 목적으로 하며, **집회의 내용 자체를 제한하지 않는다.**</u> 심판대상조항에 따라 이루어진 처분은 비례원칙에 부합해야 하며, 처분의 효력은 유한하고, 사법적 통제가 가능하다. 위 점들을 종합하면, 심판대상조항은 침해의 최소성을 충족한다.

(3) 법익의 균형성

심판대상조항은 감염병으로부터 공동체 구성원의 생명과 건강을 보호하는 중대한 공익을 위한 것이며, 집회의 자유 제한으로 인한 사익의 침해 정도가 공익보다 크다고 보기 어렵다. 따라서 법익의 균형성 원칙을 충족한다.

(4) 소결

심판대상조항은 과잉금지원칙에 위배되지 않아 집회의 자유를 침해하지 않는다.

07 재산권

CASE 01 공무원연금법 시행령 제61조 제8항 위헌확인

2025.1.23. 2021헌마806

[사건개요]

청구인은 1987년 7월 19일부터 2010년 4월 30일까지 약 23년 10개월간 ○○ 소속 공무원으로 재직하다 파면처분 후 퇴직하였으며, 구 공무원연금법에 따라 감액된 퇴직연금을 수령하였다 한다. 이후 2015년 7월 1일 ○○구청 공무원으로 재임용되어 퇴직연금 지급이 정지되었고, 재직기간 합산을 신청·승인받았다 한다. 2019년 6월 30일 정년퇴직 후 2021년 3월 16일 공무원연금법 시행령 제61조 제8항이 신설되어, 재임용 시 종전 재직기간에 대한 퇴직급여 감액이 유지되도록 규정되었다 한다.

공무원연금공단은 2021년 4월 16일 청구인에게 신설 시행령을 근거로 2021년 3월분 퇴직연금을 감액·재산정하고, 이미 지급된 금액 중 일부(1,433,930원)를 환수한다고 통보하였다 한다. 이에 청구인은 해당 시행령이 퇴직연금 수령 중인 자신의 재산권을 침해한다고 주장하며, 2021년 7월 7일 헌법소원심판을 청구하였다 한다.

[심판대상조항]

공무원연금법 시행령(2021.3.16. 대통령령 제31537호로 개정된 것)

제61조【형벌 등에 따른 퇴직급여 및 퇴직수당의 감액】⑧ 제1항에 따라 퇴직급여를 감액받은 사람이 법 제25조 제2항에 따라 종전의 재직기간을 재임용 후의 재직기간에 합산하더라도 종전의 재직기간에 대한 퇴직급여는 합산 전과 동일하게 감액하여 지급한다.

1. 제한되는 기본권 및 쟁점

(1) 공무원연금제도는 공무원을 대상으로 퇴직, 장해 또는 사망에 대하여 적절한 급여를 지급하고 후생복지를 지원함으로써 공무원 및 그 유족의 생활안정과 복지 향상에 이바지하는 데 그 목적이 있으며, 공무원연금법상의 각종 급여는 기본적으로 모두 사회보장적 급여로서의 성격을 가짐과 동시에 공로보상 내지 후불임금으로서의 성격도 함께 가진다고 할 것이다. 심판대상조항은 징계에 의하여 파면된 경우에 해당하여 퇴직연금을 감액받은 사람이 퇴직 후 재임용되어 종전의 재직기간을 재임용 후의 재직기간에 합산하더라도 종전의 재직기간에 대한 퇴직연금을 합산 전과 동일하게 감액하여 지급하도록 규정하고 있으므로, **위와 같은 퇴직연금수급자의 재산권과 인간다운 생활을 할 권리를 제한한다.**

청구인은 심판대상조항이 그 시행 전에 퇴직하여 퇴직연금을 지급받고 있던 경우에도 적용되는지 여부를 불명확하게 규정하여 명확성원칙에 반하고, 모법에 근거를 두지 않은 것으로서 법률유보원칙에 반한다고 주장하므로, 이에 대해 살펴본다. 심판대상조항은 퇴직연금수급권을 새롭게 제한하는 규정이 아니라 퇴직연금 감액 및 재직기간 합산과 관련하여 퇴직연금수급권의 내용을 형성하는 규정이다. 퇴직연금수급권의 구체적인 내용을 형성하는 경우 국가는 재정부담능력과 전체적인 사회보장 수준 및 공무원연금의 형성절차 등을 종합하여 합리적 수준에서 결정할 수 있고, 그 결정이 **현저히 자의**

적이거나 합리성을 상실한 경우에 한하여 헌법에 위반된다. 따라서 심판대상조항이 퇴직연금수급권의 구체적인 내용을 형성함에 있어 현저히 자의적이거나 합리성을 상실하여 입법재량의 한계를 넘은 것인지 여부에 대해 살펴본다.

(2) 청구인은 심판대상조항을 청구인에게 적용하는 것이 소급입법금지원칙에 반한다고 주장한다. **헌법 제13조 제2항**은 "모든 국민은 소급입법에 의하여 참정권의 제한을 받거나 재산권을 박탈당하지 않는다."라고 규정하고 있다. <u>여기서 원칙적으로 금지하고 있는 '소급입법'은 신법이 이미 종료된 사실관계나 법률관계에 적용되는 경우인 '**진정소급입법**'을 의미한다.</u>

이미 퇴직연금수급권의 기초가 되는 요건사실이 충족되어 성립된 퇴직연금수급권의 내용은 급부의무자의 일회성 이행행위에 의하여 만족되는 것이 아니고 일정기간 계속적으로 이행기가 도래하는 계속적 급부를 목적으로 하는 것인데, 심판대상조항은 그 시행 이후의 법률관계, 즉 <u>장래에 이행기가 도래하는 퇴직연금수급권의 내용만을 변경하는 것에 불과하므로 **진정소급입법에는 해당하지 않는다.**</u>

따라서 이 사건에서는 청구인과 같이 심판대상조항이 시행되기 전에 이미 재임용 및 재직기간 합산을 마치고 퇴직하여 퇴직연금을 수령하고 있던 사람이 지니고 있는 기존의 법적인 상태에 대한 신뢰를 법치국가적인 관점에서 헌법적으로 보호해주어야 할 것인지와 관련한 **신뢰보호원칙 위반 여부가 문제될 뿐이다.**

(3) 그러므로 이 사건의 쟁점은 심판대상조항이 법률유보원칙, 명확성원칙 또는 신뢰보호원칙에 반하거나 입법재량의 한계를 벗어나 청구인의 재산권과 인간다운 생활을 할 권리를 침해하는지 여부이다.

2. 법률유보원칙 위반 여부

(1) 기본권 제한에 관한 법률유보원칙은 '법률에 근거한 규율'을 요청하는 것이므로, 그 형식이 반드시 법률일 필요는 없다 하더라도 법률상의 근거는 있어야 한다. 따라서 모법의 위임범위를 벗어난 하위법령은 법률의 근거가 없는 것으로 법률유보원칙에 위반된다.

(2) <u>먼저 심판대상조항이 법률에 근거를 두고 있는지 살펴본다.</u>

공무원연금법 제65조 제1항 전문은 "공무원이거나 공무원이었던 사람이 다음 각 호의 어느 하나에 해당하는 경우에는 대통령령으로 정하는 바에 따라 퇴직급여 및 퇴직수당의 일부를 줄여 지급한다."라고 규정하면서 제2호에 징계에 의하여 파면된 경우를 그 감액 지급의 사유로 규정하고 있다. 따라서 심판대상조항은 위 공무원연금법 제65조 제1항 전문의 위임에 따라 제정된 것이므로 법률에 근거를 두고 있다.

(3) <u>다음으로 심판대상조항이 모법의 위임범위를 벗어난 것인지 살펴본다.</u>

<u>하위법령에 규정된 내용이 상위법령이 위임한 범위 안에 있는지 여부를 판단할 때에는, 당해 특정 법령조항 하나만 가지고 판단할 것이 아니라 관련 법령조항 전체를 유기적·체계적으로 고려하여 종합적으로 판단하여야 한다. 수권법령조항 자체가 위임하는 사항과 그 범위를 명확히 규정하고 있지 않다고 하더라도 관련 법규의 전반적 체계와 관련 규정에 비추어 위임받은 내용과 범위의 한계를 객관적으로 확인할 수 있다면 그 범위 안에서 규정된 하위법령 조항은 위임입법의 한계를 벗어난 것이 아니다. 또한 법률의 시행령이나 시행규칙은 그 법률에 의한 위임이 없으면 개인의 권리·의무에 관한 내용을 변경·보충하거나 법률이 규정하지 아니한 새로운 내용을 정할 수 없지만, 그 내용이 모법의 입법 취지와 관련 조항 전체를 유기적·체계적으로 살펴보아 모법의 해석상 가능한 것을 명시한 것에 지나지 아니하거나 모법 조항의 취지에 근거하여 이를 구체화하기 위한 것인 때에는 모법의 규율 범위를 벗어난 것으로 볼 수 없다.</u>

심판대상조항은 징계에 의하여 파면되었다는 사유로 퇴직연금을 감액받은 사람이 재직기간 합산을 한 경우 종전의 재직기간에 대한 퇴직연금에 대해 감액이 유지되는지 여부를 정하고 있다. 공무원연금법에서 이를 공무원연금법 시행령으로 규정하도록 명시적으로 위임한 조항은 없으나 앞에서 본 것처럼 공무원연금법 제65조 제1항은 징계에 의하여 파면된 경우 퇴직급여의 감액에 대하여 대통령령으로 정하도록 위임하고 있다.

비록 공무원연금법 제65조 제1항에서 징계에 의하여 파면되었다는 사유로 퇴직연금을 감액받은 사람이 공무원으로 재임용된 후 재직기간 합산을 한 경우 그 퇴직연금 감액의 효과에 대해 대통령령으로 정하도록 명시하지는 않았으나, 위와 같은 공무원연금법의 입법연혁과 관련 규정의 체계 등에 비추어 보면, 심판대상조항이 위와 같은 경우에도 종전 재직기간에 대한 퇴직연금 감액을 유지하도록 한 것은 공무원연금법 제65조 제1항과 관련 규정의 해석상 가능한 것을 명시한 것에 지나지 아니하거나 그 취지에 근거하여 이를 구체화한 것으로서 모법의 위임범위를 벗어난 것이라고 보기 어렵다.

(4) 그러므로 심판대상조항은 법률유보원칙에 반하지 않는다.

3. 명확성원칙 위반 여부

(1) 헌법상 명확성원칙은 법치국가원리의 한 표현으로서 기본권을 제한하는 법규범의 내용은 명확하여야 한다는 원칙이다. 그런데 법률규정은 일반성, 추상성을 가지는 것이므로 입법기술상 어느 정도 보편적이거나 일반적 개념의 용어를 사용하는 것은 불가피하다. 따라서 당해 법률이 제정된 목적과 다른 규범과의 연관성을 고려하여 합리적 해석이 가능한지 여부에 따라 법규범이 명확한지 여부가 가려지고, 당해 법률조항의 입법취지와 전체적 체계 및 내용 등에 비추어 법관의 법 해석을 통하여 그 의미가 분명해질 수 있다면 이런 경우까지 명확성원칙에 위반된다고 할 수 없다.

(2) 심판대상조항의 신설과 관련한 공무원연금법 시행령의 개정이유는 "금고 이상의 형이 확정되는 등의 사유로 급여 제한을 받은 공무원이 퇴직 후 공무원으로 재임용되는 경우 종전 재직기간을 재임용 후의 재직기간에 합산하더라도 종전 재직기간에 대한 급여 제한 효과에는 영향이 없음을 명확히 규정함으로써 형벌에 따른 급여 제한 제도의 취지를 달성할 수 있도록 함"이다.

위와 같은 심판대상조항의 문언과 공무원연금법 시행령 부칙(2021.3.16. 대통령령 제31537호)의 내용, 심판대상조항의 입법취지 등을 종합하여 보면, 심판대상조항은 퇴직연금 지급사유의 발생 시기를 불문하고 퇴직연금을 감액받은 사람이 종전의 재직기간을 재임용 후의 재직기간에 합산한 모든 경우에 적용되고, 그 퇴직연금 감액의 효과는 심판대상조항의 시행 이후 지급되는 퇴직연금에 대해서부터 발생한다고 해석할 수 있다.

심판대상조항은 위와 같이 합리적으로 해석될 수 있고, 건전한 상식과 통상적인 법감정을 가진 수범자로서는 심판대상조항의 적용대상과 효과 등을 충분히 예측할 수 있으며, 법집행자가 이를 자의적으로 해석하고 집행할 여지는 없다. 따라서 심판대상조항은 헌법상 명확성원칙에 반하지 않는다.

4. 신뢰보호원칙 위반 여부(소극)

(1) 신뢰보호원칙은 헌법상 법치국가원리로부터 파생되는 것으로서, 법률을 제정하거나 개정할 때 기존의 법질서에 대한 당사자의 신뢰가 합리적이고 정당한 반면, 법률의 제정이나 개정으로 야기되는 당사자의 손해가 극심하여 새로운 입법으로 달성하고자 하는 공익적 목적이 그러한 당사자의 신뢰가 파괴되는 것을 정당화할 수 없는 경우 그러한 입법이 허용될 수 없다는 것이다. 신뢰보호원칙의 위반 여부는 한편으로는 침해되는 이익의 보호가치, 침해의 정도, 신뢰의 손상 정도, 신뢰 침해의 방법 등과 또 다른 한편으로는 새로운 입법을 통하여 실현하고자 하는 공익적 목적 등을 종합적으로 형량하여 판단하여야 한다.

(2) 심판대상조항은 그 시행 이후에 지급되는 퇴직연금에 대해서만 적용되고, 지급되는 퇴직연금 중 종전 재직기간 부분에 대해서만 합산 전과 동일하게 감액하도록 하고 있다. 그러므로 청구인은 이미 지급받은 퇴직연금을 환수받지 않고, 공무원으로 재임용된 이후의 재직기간에 대한 퇴직연금에 대해서도 아무런 영향을 받지 않는바, 청구인에게 발생하는 불이익의 정도가 중하다고 보기는 어렵다.

반면 심판대상조항으로 달성하려는 공익은 공무원이 재직 중 성실히 근무하도록 유도함으로써 공무원에 대한 일반 국민의 신뢰를 제고하고, 재직 중 공무원으로서의 의무를 중대하게 위반하여 징계에 의한 파면처분을 받고 퇴직연금을 감액받던 사람에 대해 재임용과 재직기간 합산에도 불구하고 그 위반의 효과가 사라지지 않는다는 점을 분명하게 하여 이들에 대한 제재의 취지를 달성하며, 나아가 공무원연금재정을 보전하려는 것으로서, 이러한 공익은 매우 중대하다. 따라서 심판대상조항은 신뢰보호원칙에 반한다고 볼 수 없다.

5. 입법재량의 한계 일탈 여부(소극)

(1) 앞서 본 바와 같이 공무원연금법상의 각종 급여는 기본적으로 모두 사회보장적 급여로서의 성격을 가짐과 동시에 공로보상 내지 후불임금으로서의 성격도 함께 가진다. 공무원연금의 재원은 공무원이 납부하는 기여금과 국가 또는 지방자치단체가 부담하는 부담금으로 구성되지만, 이 재원을 사회보장급여, 보험료, 후불임금으로 구분하여 정확히 귀속시킬 수는 없고, 입법자는 공무원연금수급권의 구체적 내용을 정할 때 사회보장적 급여로서의 요소에 보다 더 중점을 둘 수 있다.

(2) 심판대상조항의 입법취지는 재직 중 공무원으로서의 의무를 위반하여 징계에 의해 파면된 사람이 공무원으로 재임용된 후 재직기간 합산을 하더라도 종전 재직기간에 대한 퇴직연금을 합산 전과 동일하게 감액하여 지급하도록 함으로써 징계에 의한 파면에 따른 퇴직연금 감액제도의 취지를 달성하려는 것이다.

징계에 의한 파면 시 퇴직연금 감액제도는 공무원으로서의 신분이나 직무상 의무를 다하지 못한 사람에 대한 제재를 통해 공무원이 재직 중 성실히 근무하도록 유도하려는 것이고, 재직기간 합산제도는 이를 통해 연금수급권을 확보할 수 있는 기회를 제공하거나 연금액 산정 시 고려되는 재직기간에 관한 선택권을 부여한 것이다. 이러한 재직기간 합산제도의 입법취지는 징계에 의한 파면 시 퇴직연금 감액제도와는 무관할 뿐만 아니라, 징계에 의해 파면된 공무원이 공무원으로 재임용되어 재직기간을 합산하였다거나, 재직기간 합산 후 재임용된 기관에서도 퇴직하여 퇴직연금의 지급사유가 발생한 경우라 하더라도 해당 공무원의 종전 재직기간 중 발생한 비위행위로 인해 손상된 국민의 신뢰가 회복된 것이라고 볼 수는 없다. 이를 종합하면, 심판대상조항이 퇴직연금수급권의 내용을 구체적으로 형성함에 있어서 현저히 자의적이거나 합리성을 상실하여 입법형성의 한계를 벗어난 것이라고 볼 수 없다.

6. 소결

심판대상조항은 청구인의 재산권과 인간다운 생활을 할 권리를 침해하지 않는다.

CASE 02 ─ 금품비위행위 또는 사기행위로 징계를 받는 자에 대해 징계부가금 부과 대상으로 하는 지방공무원법 제69조

2025.4.10. 2021헌바123

1. 법률유보원칙

청구인들은 징계부가금 부과기준을 하위 법령에 위임한 이 사건 법률조항이 위임입법의 한계를 위반했다고 주장한다. 그러나 이 사건 법률조항은 징계부가금이 부과될 수 있는 징계 사유로서 금품비위행위의 태양을 금전, 물품, 부동산, 향응 기타 재산상 이익을 취득하거나 제공한 경우(제1호)와 공금 등을 횡령, 배임, 절도, 사기 또는 유용한 경우(제2호)로 세분화하고, 징계부가금 부과 상한을 비위행위로 취득하거나 제공한 금전 또는 재산상 이득 등 금품비위금액의 최대 5배로 한정하고 있다.

따라서 이 사건 법률조항이 징계부가금 부과 액수를 양정하는 세부적이고 기술적인 부과기준에 관한 사항을 법률에 규정하지 않았다고 하여 법률유보원칙을 위반하였다고 볼 수는 없다.

2. 재산권 침해 여부

(1) 목적의 정당성 및 수단의 적합성

이 사건 법률조항은 금품비위를 근절하고 공직에 대한 국민 신뢰를 회복하는 목적을 가지며, 이를 위한 징계부가금 부과는 적합하다.

(2) 침해의 최소성

금품비위행위의 심각성에 따라 징계부가금을 상한 5배로 규정한 것이 적정하고, 그 상한 내에서 비위행위의 개별적 위법성 내지 비위행위자의 형사처벌 내역이나 변상책임 이행 이력 또는 그 밖에 참작할 만한 여러 사정들을 종합적으로 감안하여 인사위원회가 책임에 상응하는 적정한 수준으로 징계부가금 부과 액수를 양정하며, 사후적으로라도 형사처벌 등 양정에 참작할 만한 사정이 확인되는 경우에는 반드시 감면 등 조치를 수행하도록 규정함으로써 제재에 따른 억지력과 비위행위자 개인의 기본권이 절차적으로 조화될 수 있다고 본 입법자의 판단은 충분히 수긍할 수 있다. 따라서 징계부가금 부과액수의 상한을 법률로 정함에 있어 금품비위액수의 배수만을 규정할 뿐 각각의 금품비위행위마다 다르게 나타날 수 있는 구체적 위법성의 차이를 감안하지 않았다거나, 금품비위액수의 절대적 크기에 따라 차등적으로 부과금액을 완화하는 규정을 두지 않았다는 등 청구인들이 주장하는 이유만으로 이 사건 법률조항이 침해의 최소성을 충족하지 못하였다고 보기는 어렵다.

(3) 법익의 균형성

이 사건 법률조항으로써 달성하려는 공익은 지방공무원의 금품비위행위를 근절함으로써 공직 기강을 다잡고 그에 대한 국민 신뢰를 회복하여 궁극적으로는 공익실현을 위한 국가기능의 원활한 운영을 도모하기 위한 것으로 매우 중대하고 긴요하다. 반면, 그에 따라 제한되는 사익은 이미 금품비위행위를 저지른 지방공무원에게 그 행위로 말미암은 금품비위액수의 최대 5배 내에서 각종 사정을 참작하여 징계부가금이 부과되는 것으로, 이 사건 법률조항에 의하여 제한되는 사익이 달성하려는 공익에 비해 크다고 볼 수 없다.

(4) 소결

이 사건 법률조항은 과잉금지원칙에 위반하여 징계부가금이 부과되는 지방공무원의 재산권을 침해하지 아니한다.

3. 이 사건 하위법령조항들에 대한 판단

헌법재판소법 제68조 제2항의 규정에 의한 헌법소원심판청구는 법률이 헌법에 위반되는지 여부가 재판의 전제가 되는 때에 당사자가 위헌제청신청을 하였음에도 불구하고 법원이 이를 배척하였을 경우에 법원의 제청에 갈음하여 당사자가 직접 헌법재판소에 헌법소원의 형태로 심판청구를 하는 것인바, 그 심판대상은 재판의 전제가 되는 형식적 의미의 법률 및 그와 동일한 효력을 가진 명령이어야 하므로, 대통령령, 부령, 규칙 또는 조례 등을 대상으로 한 것은 부적법하다. 따라서 대통령령 및 행정안전부령인 이 사건 하위법령조항들은 헌법재판소법 제68조 제2항에 의한 헌법소원심판청구의 대상이 될 수 없으므로, 이에 대한 심판청구부분은 부적법하다.

CASE 03 가축전염병 예방법 제48조 제1항

2025.1.23. 2021헌마1192

1. 살처분 명령을 이행한 자에게 보상금을 지급하도록 규정하면서 이동제한명령 또는 일시 이동중지 명령을 이행한 자를 보상금 지급대상으로 규정하지 아니한 구 '가축전염병 예방법' 제48조 제1항의 평등권 침해 여부(소극)

(1) 청구인 임○○ 등은 이 사건 보상금조항 중 입법부작위 부분으로 인하여 재산권을 침해받는다고 주장한다. 그러나 헌법 제23조에서 보장하는 재산권은 사적 유용성 및 그에 대한 원칙적 처분권을 내포하는 재산가치 있는 구체적 권리이므로, 구체적인 권리가 아닌 단순한 이익이나 재화의 획득에 관한 기회 또는 기업활동의 사실적·법적 여건 등은 재산권보장의 대상에 포함되지 아니한다. '가축전염병 예방법'에 근거한 이동제한명령 또는 일시 이동중지 명령으로 인하여 정상적인 시기에 사육하던 가축을 출하하거나 새로운 가축을 입식하지 못함으로써 일시적으로 영업이익이 감소하거나 사육비용이 증가하였다 하더라도, 해당 농가가 소유하는 가축사육시설이나 사육하는 가축에 대한 구체적인 사용·수익 및 처분권한을 제한받는 것은 아니므로, 보상규정의 부재가 청구인 임○○ 등의 재산권을 제한한다고 볼 수 없다.

(2) 이 사건 보상금조항이 살처분 명령을 이행한 자에게 보상금을 지급하도록 규정하면서 이동제한명령 또는 일시 이동중지 명령을 이행한 자에 대해서는 보상금을 지급하도록 하는 규정을 두지 아니한 부진정입법부작위가 청구인 임○○ 등의 평등권을 침해하는지 여부가 문제된다.
이동제한명령 또는 일시 이동중지 명령을 받은 농가가 입게 되는 경영 손실이나 경제적 피해가 살처분 명령과 동일한 수준이라고 볼 수 없고, 이동제한명령으로 인한 농가 손실분을 보전할 수 있는 법적 근거가 마련되어 있으며, 일시 이동중지 명령은 단기적이고 한시적인 방역조치에 불과하여서 별도의 소득 지원이나 비용 지원이 필요하다고 보기 어려우므로, 이 사건 보상금조항은 가축사육업자들의 평등권을 침해하지 아니한다.

2. 살처분 명령을 이행한 자에게 보상금을 지급하도록 하면서 그 구체적인 지급기준 등에 관하여는 대통령령에 위임한 '가축전염병 예방법' 제48조 제1항 중 제3호의 포괄위임금지원칙 위반 여부(소극)

살처분 보상금의 금액은 살처분으로 인한 경제적 가치의 손실을 평가하여 결정되어야 하는 등 기술적 측면이 있고, 소유자의 귀책사유, 살처분 보상금의 지급 수준에 따른 소유자의 방역 협조의 경향, 전염병의 확산 정도, 당해연도의 가축 살처분 두수, 국가 및 지방자치단체의 재정 상황 등을 고려하여 탄력적으로 정하여질 필요가 있으므로 대통령령에 위임할 필요성이 인정된다.

구법 조항은 살처분 보상금의 지급 주체와 보상금을 받을 자를 정하고 있고, 살처분 보상금의 차등지급 사유도 관련조항에서 정하고 있다. 그러므로 구법 조항이 대통령령에 위임한 보상금에 관한 사항은 보상금의 상한과 하한 그리고 방역조치의무 등 위반에 의한 차등지급의 구체적 기준이 될 것임을 예측할 수 있다. 그리고 보상금의 상한과 하한이 정하여지지 않았더라도 살처분 보상액은 재산권을 상실한 자에 대한 보상이라는 특성상, 재산권을 상실할 당시의 경제적 가치를 토대로 정해질 것이므로 보상액의 상한이 가축의 평가액과 같거나 그보다 작게 될 것임을 어렵지 않게 예측할 수 있다. 따라서 구법 조항은 포괄위임금지원칙에 위반되지 아니한다.

3. 가축을 살처분한 날을 기준으로 한 가축평가액의 전액을 보상금으로 지급하도록 한 구 '가축전염병 예방법 시행령' 제11조 제1항 [별표 2] 제1호 마목 본문이 가축사육업자들의 재산권을 침해하는지 여부(소극)

(1) 심사기준

'가축전염병 예방법'상의 살처분으로 인한 재산권의 제약은 헌법 제23조 제1항 및 제2항에 따라 가축 소유자가 부담하여야 하는 사회적 제약에 속한다. 그러나 재산권의 사회적 제약을 구체화하는 법률조항이라 하더라도 권리자에게 수인의 한계를 넘어 가혹한 부담이 발생하는 예외적인 경우에는 이를 완화하는 보상규정을 두어야 한다. '가축전염병 예방법'은 이러한 조정적 보상의 일환으로 살처분한 가축의 소유자에게 보상금을 지급하도록 하고 있다.

가혹한 부담의 조정이라는 목적을 달성하기 위한 수단을 선택함에 있어서는 입법자에게 광범위한 형성의 자유가 부여된다. 따라서 이 사건 시행령조항과 고시조항이 재산권을 침해하는지 여부는 조정적 보상조치에 관한 규율이 입법자가 갖는 입법형성재량의 한계를 일탈하였는지 여부로 심사하기로 한다.

(2) 이 사건 시행령조항의 재산권 침해 여부

보상금은 살처분 당일의 가축평가액 전액을 지급하는 것을 원칙으로 하며, 살처분 가축 등에 대한 보상금 등 지급요령에 따라 보상금 평가반이 시세·경락가 등을 종합하여 개별 평가한다. 평가반은 가축방역관·축산단체 관계자·수의사 등으로 구성되어 공정성을 확보하였다. 청구인 주장과 달리, 살처분 보상금은 가축 평가액에 따른 직접적 재산손실만을 보상 대상으로 하며, 재입식 제한으로 인한 경영손실은 포함되지 않는다. 다만, 국가는 별도로 생계안정지원금을 지원할 수 있고(가축전염병 예방법 제49조), 2023년 개정 시행령을 통해 예방적 살처분 농가에 전월 평균시세 상한선 적용 등 피해 최소화 방안을 마련하였다. 이 사건 시행령조항은 살처분으로 인한 재산적 손실을 합리적 기준으로 보상하고, 추가 지원 제도를 통해 농가 부담을 완화하도록 설계되었다. 따라서 청구인의 재입식 제한에 따른 간접적 손실을 보상하지 않는다고 하여 재산권 침해 또는 현저한 불합리성이 인정되지는 않는다.

4. AI 발생 기간에 오리에 대하여는 해당 가축전염병이 최초로 발생한 날 전월 평균시세를 기준으로 살처분 보상금을 지급하도록 한 구 '살처분 가축 등에 대한 보상금 등 지급요령' 제4조 [별표 1] 제3호 중 'AI 발생 시 오리'에 관한 부분(이하 '이 사건 고시조항'이라 한다)이 가축사육업자들의 재산권을 침해하는지 여부(소극)

살처분 보상금의 지급기준인 가축평가액은 원칙적으로 살처분 실시 당일의 산지거래가격 등 가축의 실제 가치를 반영하여 산정하여야 할 것이나, 고병원성 조류인플루엔자의 발생기간 동안 육용오리의 가격은 수급불안정으로 폭등하기도 하고, 인수공통감염으로 인한 소비자의 불안감 증폭으로 소비가 위축되어 크게 하락하기도 하는 등 가격 변동이 심하다. 가축전염병의 발생 및 확산으로 인하여 해당 가축의 가격이 변동하는 경우에도 가축을 살처분한 날을 기준으로 가축평가액을 산정하게 한다면, 동일한 방역대에 속하는 가축 소유자 사이에서도 살처분 시점에 따라 상이한 보상금을 지급받게 되어 보상금 평가의 공정성과 적정성을 해칠 수 있다. 결국 이 사건 고시조항이 살처분한 오리의 보상금 평가액의 상한선을 정함에 있어서 살처분한 날의 시세를 기준으로 하지 않고 전염병이 최초로 발생한 날 전월 평균시세를 기준으로 하도록 한 것은,

이 사건 고시조항의 적용 대상인 가축의 종류(오리)와 전염병(고병원성 조류인플루엔자)의 특성을 고려한 것으로 그 합리성이 인정된다.

더욱이 이 사건 고시조항은 전월 평균시세가 전년도 동월 평균 시세와 비교하여 ±15% 범위를 넘어가는 경우에 해당 가축전염병이 최초로 발생한 월의 직전 3개월 평균 시세를 상한선으로 하도록 규정함으로써, 살처분한 가축의 시세가 전년도에 비하여 비정상적으로 변동하는 경우에 대한 조정안도 마련하고 있다. 이러한 사정을 종합적으로 고려할 때, 이 사건 고시조항은 합리적인 기준에 따라 살처분 보상금의 산정방식을 정한 것으로서 청구인들의 재산권을 침해하지 아니한다.

CASE 04 보상금 선순위자

2025.4.10. 2024헌가12

1. 보상금을 받을 유족 중 같은 순위자가 2명 이상이면 '자녀 중 나이가 많은 사람을 선순위자'로 정하는 국가유공자 등 예우 및 지원에 관한 법률 제13조 제2항이 평등원칙에 위반되는지 여부(적극)

    (1) **심사기준**

    국가가 국가유공자 등에게 지급할 구체적인 보상의 내용 등에 관한 사항은 국가의 재정부담 능력과 전체적인 사회보장 수준, 국가유공자의 희생이나 공헌 정도 등에 따라 정해질 수밖에 없다.

    따라서 법률이 정하고 있는 보상수준이 국가유공자 등에게 인간다운 생활에 필요한 최소한의 물질적인 수요를 충족시켜 주고, 헌법상의 사회보장, 사회복지의 이념과 국가유공자에 대한 우선적 보호이념에 명백히 어긋나지 않는 한, 입법자는 이를 정함에 있어 광범위한 입법재량권을 가진다. 그러나 국가가 국가유공자 등에 대한 예우에 있어서 최소한의 합리적인 내용도 이행하지 않거나 현저히 자의적으로 의무를 이행한다면, 그러한 국가의 작위 또는 부작위는 헌법에 위배된다.

    (2) **판단**

    국가유공자법상 급여금 및 그 밖의 각종 급여를 지원함에 있어 국가유공자의 자녀가 여러 명 있을 경우에는 국가의 재정부담 능력 등이 허락하는 한 원칙적으로 모두 수급자로 정하고, 생활정도에 따라 급여금의 액수 등 급여의 수준을 달리하여 지원하는 것이 국가유공자법상 보상이 가지는 사회보장적 성격에 비추어 볼 때 바람직하다. 만약 이와 달리 불가피하게 국가유공자의 자녀 중 선순위자를 선정하여 급여를 지원하는 경우에는, 국가의 재정부담 능력, 보상 수급권의 실효성 보장 등 그 선정기준을 정당화할 만한 별도의 합리적 이유가 요구된다.

    국가유공자법 제13조의 보상금 지급순위는 보상금뿐만 아니라 각종 보상을 지급하는 조항에서 준용되어 보상을 받을 선순위자를 정하는 기준이 된다. 그런데 이 사건 연장자우선조항은 그 최종적 기준으로서 국가유공자의 자녀 중 나이가 많은 자녀를 다른 자녀보다 우선하도록 하고 있는바, 다음과 같은 이유에서 그 합리성을 인정하기 어렵다.

    첫째, 국가유공자의 자녀 중 경제적으로 더 어려운 자가 있을 수 있음에도 불구하고, 연장자우선조항은 나이만을 기준으로 보상을 지급하여 개별적인 생활보호의 필요성을 전혀 고려하지 않는다는 점에서 차별적이다. 국가의 재정적 한계를 감안하더라도, 제한된 재원 내에서 생활보호의 필요성이 큰 유족에게 우선적으로 보상을 지급하는 방식은 입법 목적을 실현하면서도 과도한 재정부담을 피할 수 있는 합리적 대안이다.

    둘째, 국가유공자법은 유족 간 협의 또는 부양 정도에 따라 예외를 인정하고 있으나, 협의가 이루어지지 않거나 부양 정도에 현저한 차이가 없는 경우에는 다시 나이만을 기준으로 보상을 결정하게 되어 차별 문제가 그대로 남는다.

    셋째, 국가 사무처리의 편의성을 이유로 나이를 선정 기준으로 삼을 수 있다는 주장도 있으나, 자녀의 경제적 능력은 객관적으로 평가 가능하고, 단순한 행정 편의를 이유로 정당한 생활보호를 희생하는 것은 정당화될 수 없다.

종합적으로 볼 때, 나이라는 우연한 요소를 기준으로 보상의 지급 순위를 정하는 연장자우선조항은 보상이 가지는 사회보장적 성격에 부합하지 않으며, 합리적인 이유가 없으므로 헌법에 위반된다.

(3) 소결

그렇다면 이 사건 연장자우선조항은 국가가 국가유공자의 유족인 자녀에게 보상을 지급함에 있어 국가유공자의 자녀 중 나이가 많은 자와 그렇지 않은 자를 합리적인 이유 없이 차별하고 있으므로, 평등원칙에 위반된다.

유사판례 1

나이를 기준으로 독립유공자 손자녀 보상금을 차등 지급하는 것은 사회보장적 성격에 부합하지 않으며 평등원칙 위배이다(2013.10.24. 2011헌마724).

유사판례 2

6·25전몰군경자녀 수당을 나이에 따라 차등 지급하는 것은 합리적 이유 없는 차별로 평등권 침해이다(2021.3.25. 2018헌가6).

유사판례 3

보훈보상대상자 부모 중 나이가 많은 부모에게만 보상금을 지급하는 것은 경제적 상황을 고려하지 않아 평등원칙 위배이다(2018.6.28. 2016헌가14).

비교판례

대통령령으로 정하는 **생활수준 등을 고려하여 손자녀 1명에게 보상금을 지급하도록 한바**, 보상금을 지급받지 못하는 손자녀들에 대한 생활보호대책을 마련하고 독립유공자법에 따른 보훈에 있어 손자녀 간의 형평성도 고려하였다. 위와 같은 사정을 종합해 볼 때, 심판대상조항에 나타난 입법자의 선택이 명백히 그 재량을 일탈한 것이라고 보기 어려우므로 심판대상조항은 청구인의 평등권을 침해하지 아니한다(2018.6.28. 2015헌마304).

2. 보상금을 받을 유족 중 같은 순위자가 2명 이상이면 '자녀 중 국가유공자를 주로 부양한 사람을 선순위자'로 정하는 국가유공자 등 예우 및 지원에 관한 법률 제13조 제2항이 평등원칙에 위반되는지 여부(소극)

(1) 의의

평등원칙은 입법자에게 본질적으로 같은 것을 자의적으로 다르게, 본질적으로 다른 것을 자의적으로 같게 취급하는 것을 금하고 있다. 그러므로 비교 대상을 이루는 두 개의 사실관계 사이에 서로 상이한 취급을 정당화할 수 있을 정도의 차이가 없음에도 불구하고 두 사실관계를 서로 다르게 취급한다면, 입법자는 이로써 평등권을 침해한 것으로 볼 수 있다. 그러나 서로 비교될 수 있는 두 사실관계가 모든 관점에서 완전히 동일한 것이 아니라 단지 일정 요소에 있어서만 동일한 경우에 비교되는 두 사실관계를 법적으로 동일한 것으로 볼 것인지 아니면 다른 것으로 볼 것인지를 판단하기 위하여 어떠한 요소가 결정적인 기준이 되는가가 문제된다. 두 개의 사실관계가 본질적으로 동일한가의 판단은 일반적으로 당해 법률조항의 의미와 목적에 달려 있다.

(2) 평등권 침해 여부 판단

이 사건 부양자우선조항의 입법 목적은 국가유공자에 대해 부양이라는 공헌을 한 자녀를 선순위 수급권자로 함으로써 다른 자녀들보다 우선시하려는 것이다. 또한, 앞에서 살펴본 바와 같이 이 사건 부양자우선조항의 '주로 부양' 한 자녀라 함은 같은 순위에 있는 자녀들 가운데 특히 그 자녀에게 선순위 유족의 지위를 부여하는 것이 정당화될 수 있을 정도로 다른 자녀에 비해 높은 수준으로 국가유공자를 부양하였다고 인정되는 자녀를 의미한다. 그런데 '국가유공자를 주로 부양하지는 않았지만 어느 정도 부양을 한 자녀'와 '국가유공자를 전혀 부양하지 않은 자녀'는 정도에서 차이가 있을 뿐, 모두 그에게 특별히 선순위 유족의 지위를 부여할 정도에는 이르지 않는다는 공통점을 가지고 있다. 이 사건 부양자우선조항 목적과 의미에 비추어 볼 때, '국가유공자를 주로 부양하지는 않았지만 어느 정도 부양을 한 자녀'와 '국가유공자를 전혀 부양하지 않은 자녀'가 본질적으로 다른 집단이라고 보기 어렵다.

설령 위 두 집단이 본질적으로 다른 집단이라고 하더라도, 부모와 자녀 사이에는 부양의 의무가 있는 데다가(민법 제974조 제1호) 어느 가족 구성원이 도움을 필요로 하는 다른 가족 구성원을 어느 정도 부양하는 것은 자연스러운 일이라는 점, 국가유공자법상 보상을 받을 유족 중 같은 순위자인 자녀가 2명 이상인 경우에 자녀 간 협의에 의해 지정된 사람이 없으면 이 사건 부양자우선조항을 우선하여 적용하도록 한 입법자의 의사를 합리적으로 해석하여 보면 그 **부양의 수준은 특별히 높아야 함을 의미한다는 점** 등을 고려하면, 이 사건 부양자우선조항이 다른 자녀보다 국가유공자를 상대적으로 조금 더 부양하였지만 '주로 부양'의 요건을 충족하지 않은 자녀에 대하여 선순위 유족의 지위를 부여하지 않는 데는 합리적인 이유가 있다.

따라서 이 사건 부양자우선조항은 평등원칙에 위반되지 않는다.

CASE 05 | 가처분이 집행된 후 3년간 본안의 소가 제기되지 아니한 때 가처분을 취소할 수 있도록 규정한 민사집행법

2025.2.27. 2021헌바200

1. 쟁점의 정리

심판대상조항은 일정한 요건하에 집행이 완료된 가처분을 취소할 수 있도록 하여 채권자의 권리보전을 제한하고 있다. 심판대상조항에 의하여 가처분이 취소되면 채권자는 피보전권리의 행사에 제한을 받게 되고 경우에 따라서는 채권의 만족을 얻지 못할 수도 있으므로, 심판대상조항은 가처분결정을 받아 채권의 집행을 보전한 채권자의 **재산권을 제한하고 있다**. 따라서 심판대상조항이 청구인의 재산권을 침해하는지 여부에 대하여 본다.

청구인은 심판대상조항이 채무자를 과도하게 보호하고 채권자의 이익을 고려하지 않음으로써 평등원칙에 위반된다는 주장도 하고 있으나, 이는 심판대상조항이 채무자 보호를 위하여 채권자의 재산권을 침해한다는 주장을 다른 측면에서 하고 있는 것에 불과하므로 평등원칙 위반 주장에 대하여는 따로 살펴보지 아니한다. 청구인은 심판대상조항이 공정한 재판을 받을 권리를 침해한다고 주장하나, 심판대상조항은 일정한 기간이 도과한 경우 채무자 및 이해관계인의 신청에 따라 법원의 재판으로 가처분을 취소한다는 규정으로, 심판대상조항으로 인하여 채권자가 법관에 의하여 공정한 심리·검토를 받을 기회에 영향을 주는 것은 아니므로, 심판대상조항은 **공정한 재판을 받을 권리를 제한하지 아니한다**.

2. 가처분이 집행된 후 3년간 본안의 소가 제기되지 아니한 때 가처분을 취소할 수 있도록 규정한 민사집행법 제301조 본문 중 민사집행법 제288조 제1항 제3호를 준용하는 부분이 가처분채권자의 재산권을 침해하는지 여부(소극)

심판대상조항은 채무자의 재산권을 보호하고 미정리 등기부의 장기방치를 방지하기 위한 것으로서, 가처분이 집행된 후 3년이 경과하도록 본안의 소가 제기되지 아니하는 경우 채무자나 이해관계인이 가처분의 취소를 구할 수 있도록 하는 것은 입법목적을 달성하기 위한 적절한 수단이다. 가처분은 본안의 소에서 권리관계가 확정될 것을 전제로 잠정적으로 사용할 수 있는 권리구제 방법으로, 일정한 기간 내에는 본안의 소가 제기될 필요가 있고 이를 위하여 심판대상조항이 정한 3년이 짧은 기간이라고 할 수 없다. 채권자로서는 가처분만으로 자신의 권리를 종국적으로 실현할 수 없지만, 채무자나 이해관계인으로서는 법률관계가 확정되지 아니한 채로 다툼의 대상이 되는 물건이나 권리의 형상이 동결되므로 재산권 행사에 중대한 제한을 초래하며 부동산 거래의 안전도 해치게 된다. 심판대상조항은 가처분채권자의 재산권을 침해한다고 볼 수 없다.

CASE 06 : 형제자매의 경우 공무원연금수급권을 인정하지 않은 공무원연금법

2024.6.27. 2023헌바307

1. 공무원이거나 공무원이었던 사람이 급여를 받을 유족 없이 사망한 경우 급여수급자를 유족이 아닌 직계존비속으로 한정하고 직계존비속도 없을 때에는 그 공무원이거나 공무원이었던 사람을 위하여 사용할 수 있도록 정한 공무원연금법 제33조 제1항이 사망한 공무원의 상속인인 형제자매의 재산권을 침해하는지 여부(소극)

심판대상조항이 급여를 받을 유족이 없을 경우 유족이 아닌 직계존비속에게만 일정한 한도의 금액을 지급하도록 특례규정을 두고 형제자매를 제외한 것은, 보험원리에 입각해 한정된 재원으로 사회보장급부를 보다 절실히 필요로 하는 보험대상자에게 경제적인 생활안정과 복리향상을 도모하기 위한 것이므로, 거기에는 합리적인 이유가 있다 할 것이다. 따라서 심판대상조항이 입법자에게 부여한 입법형성권의 한계를 일탈하여 청구인의 재산권을 침해한 것으로 볼 수 없다.

2. 공무원이거나 공무원이었던 사람이 급여를 받을 유족 없이 사망한 경우 급여수급자를 유족이 아닌 직계존비속으로 한정하고 직계존비속도 없을 때에는 그 공무원이거나 공무원이었던 사람을 위하여 사용할 수 있도록 정한 공무원연금법 제33조 제1항이 평등원칙에 위반되는지 여부(소극)

공무원연금과 국민연금의 도입 목적과 배경, 재원의 조성 등에 관한 차이점, 재정건전성 확보를 통해 국가의 재정 부담을 낮출 필요가 절실한 공무원연금의 특징 등에 비추어 볼 때, 공무원연금의 수급권자에서 형제자매를 제외한 것은 합리적인 이유가 있다고 할 것이므로, 국민연금법이 형제자매를 사망일시금 수급권자로 규정하고 있는 것과는 달리 공무원연금법이 형제자매를 급여수급자에서 제외하고 있다 하여도 합리적인 이유에 의한 차별에 해당한다. 아울러 심판대상조항과 민법상 상속권자에 관한 규정의 의미와 목적이 전혀 다른 이상, 심판대상조항이 유족이 아님에도 불구하고 공무원의 사망에 따라 공무원연금법상 퇴직수당을 비롯한 급여를 지급받게 되는 사람의 범위를 민법상 상속권자에 관한 규정과 다르게 정하고 있더라도, 본질적으로 동일한 것을 다르게 취급한다고 볼 수 없다. 따라서 심판대상조항은 평등원칙에 위반되지 아니한다.

> **재판관 이은애의 반대의견**
>
> 공무원의 사망 시 지급되는 퇴직수당과 민간근로자의 사망 시 지급되는 퇴직금의 본질적인 성격이 같음에도 불구하고, 사망한 공무원의 상속인인 형제자매는 심판대상조항으로 인해 퇴직수당을 비롯하여 공무원연금법상 어떤 급여도 지급받을 수 없다. 그러나 이들에게 퇴직수당을 지급하더라도 국가와 지방자치단체의 재정 건전성에 유의미한 영향을 끼치지 않을 것으로 예상된다. 또한, 형제자매가 사망한 공무원의 상속인이 된 경우 그 공무원에게는 배우자나 직계존비속이 전혀 없었던 것이므로, 그 형제자매와 평소 보다 밀접한 관계를 맺고 있었을 가능성을 쉽게 배제할 수 없고, 이 경우 그 형제자매의 생활보장과 복리향상을 도모할 필요성은 더욱 커진다. 그렇다면 퇴직수당 지급과 관련하여 공무원의 상속인인 형제자매와 퇴직금 지급과 관련하여 민간근로자의 상속인인 형제자매를 달리 취급하는 것에는 합리적 이유를 찾을 수 없으므로, 심판대상조항은 평등원칙에 위반된다.

CASE 07 도시계획시설결정의 실효

2024.8.29. 2020헌바602

1. 2000년 7월 1일 이전에 결정·고시된 도시계획시설결정의 실효에 관한 기산일을 2000년 7월 1일로 정한 국토의 계획 및 이용에 관한 법률 부칙 제16조 제1항 제1호가 과잉금지원칙에 위배되어 재산권을 침해하는지 여부(소극)

    (1) 장기미집행 도시계획시설결정의 실효제도의 의의

    시설결정으로 인한 개발가능성의 소멸과 그에 따른 지가의 하락, 수용 시까지 도시계획시설 부지를 원칙적으로 종래의 용도대로만 이용해야 할 현상유지의무 등은 토지소유자가 감수해야 하는 사회적 제약의 범주에 속하는 것이다. 장기미집행 도시계획시설결정의 실효제도는 도시계획시설 부지 소유자로 하여금 위와 같은 사회적 제약으로부터 벗어나게 하는 것으로서 결과적으로 개인의 재산권이 보다 보호되는 측면이 있는 것은 사실이나, 이와 같은 보호는 입법자가 새로운 제도를 마련함에 따라 얻게 되는 법률에 기한 권리일 뿐 헌법상 재산권으로부터 당연히 도출되는 권리는 아니다. 실효기간의 기산일에 관한 경과규정인 이 사건 부칙조항은 입법자가 도시계획시설 부지에 관한 재산권의 내용과 한계를 일반적·추상적으로 확정하는 규정이자 재산권의 사회적 제약을 구체화하는 규정일 뿐(헌법 제23조 제1항, 제2항) 재산권에 대한 새로운 제한을 가하는 규정이 아니다.

    (2) 과잉금지원칙 위반 여부

    ① 입법목적의 정당성: 도시계획시설결정의 동시·대량실효를 방지하고, 법적 안정성과 신뢰를 보호하며 도시계획의 건전한 시행을 도모하려는 입법목적은 정당하다.
    ② 방법의 적정성: 실효제도 시행일을 기준으로 기산하여 실효를 단계적으로 진행함으로써 도시계획시설결정의 동시·대량실효를 막고, 사업시행자가 대처할 여유를 제공하여 목적 달성의 적정성이 인정된다.
    ③ 피해 최소성: 도시계획시설결정에 따른 이용 제한은 사회적 제약의 범주에 포함되며, 매수청구제도 등 보상적 조치를 마련하여 피해를 완화하였으므로 최소성을 위반하지 않는다.
    ④ 법익의 균형성: 부칙조항이 보호하려는 공익인 법적 안정성과 도시계획의 유지·시행의 이익이 사익인 재산권 제한보다 크므로 법익균형성을 충족한다. 결론적으로, 이 사건 부칙조항은 과잉금지원칙에 반하지 않는다.

2. 이 사건 부칙조항이 평등원칙에 위배되는지 여부(소극)

2000.7.1. 이전과 이후에 고시된 도시계획시설결정들 사이에 다른 실효기간이 적용되는 것이나 2000.7.1. 이전에 결정·고시된 도시계획시설결정들 사이에 이미 경과된 기간의 장단에 따라 차등을 두지 않고 일률적으로 실효기산일을 적용하는 것에는 모두 합리적인 이유가 있으므로, 이 사건 부칙조항은 평등원칙에 위반되지 아니한다.

3. 도시·군계획시설결정의 고시일부터 20년이 지날 때까지 그 시설의 설치에 관한 도시·군계획시설사업이 시행되지 않는 경우 그 고시일부터 20년이 되는 날의 다음날에 효력을 잃도록 한 국토의 계획 및 이용에 관한 법률 제48조 제1항 중 '그 시설의 설치에 관한 도시·군계획시설사업이 시행되지 아니하는 경우' 부분이 과잉금지원칙에 위배되어 재산권을 침해하는지 여부(소극)

(1) 심사기준

구 도시계획법 및 국토계획법상 도시계획시설결정의 실효제도는 도시계획시설결정으로 인한 개발가능성의 소멸과 그에 따른 지가 하락 등 도시계획시설 부지 소유자가 감수해야 하는 사회적 제약으로부터 벗어나게 하는 것으로서, 행정편의적으로 방만하게 계획·운영되는 도시계획시설결정의 통제를 위해 마련된 것이다. 도시계획시설결정의 실효요건을 규정한 이 사건 법률조항 또한 기존에 존재하는 재산권의 내용을 제한하는 성질의 것이 아니라, 재산권의 내용을 형성하는 규정이자 재산권의 사회적 제약을 구체화하는 규정으로 보아야 한다.
입법자가 재산권의 내용을 형성함에 있어서는 광범위한 입법재량을 가지고 있으므로, **재산권의 내용을 형성하는 사회적 제약이 비례원칙에 부합하는지 여부를 판단함에 있어서는 이미 형성된 기본권을 제한하는 입법의 경우에 비하여 보다 완화된 기준에 의하여 심사되어야 한다.**

(2) 과잉금지원칙

① 목적의 정당성 및 수단의 적합성: 이 사건 법률조항은 도시계획사업을 통해 공공복리를 증진하고 부지 소유자의 재산권을 보호하며 균형을 도모하기 위해 마련된 것으로, 입법목적의 정당성이 인정된다. 도시계획시설결정 고시일부터 20년간 실시계획 인가 또는 그에 상당하는 절차가 없을 경우 해당 도시계획시설결정을 실효하도록 규정한 것은 입법목적 달성을 위한 적합한 수단이다.
② 피해의 최소성: 입법자는 재산권 형성에 있어 광범위한 재량을 가지며, 도시계획시설사업의 실시계획 인가 시점에 따라 실효 여부를 정한 조항은 현저히 불합리하지 않다. 따라서 이 사건 법률조항은 피해의 최소성을 위반하지 않는다.
③ 법익의 균형성: 이 사건 법률조항은 공공복리의 증진 및 도시계획시설결정에 기반한 법적 안정성과 신뢰 보호를 목적으로 하며, 이러한 공익은 토지소유자가 입는 불이익보다 결코 경미하지 않다. 따라서 법익의 균형성에도 반하지 않는다.
④ 이 사건 법률조항이 과잉금지원칙에 위배되어 토지소유자의 재산권을 침해하지 아니한다.

CASE 08 | 민간에 의한 도시공원설치

2025.1.23. 2020헌바510

1. 민간공원추진자가 일정한 현금을 예치할 경우 사업시행자 지정요건을 갖춘 것으로 보는 '도시공원 및 녹지 등에 관한 법률' 제21조 제4항이 도시공원 부지 내 토지소유자들의 재산권을 침해하는지 여부(소극)

   사업시행자조항으로 인하여 도시공원 부지 내 토지소유자의 재산권이 다소 제한된다 하더라도, 그 제한의 정도가 사업시행자조항에 의하여 보장되는 쾌적한 도시환경의 조성, 대규모 난개발의 방지와 같은 공익에 비하여 중하다고 볼 수 없으므로, 법익의 균형성 역시 인정된다. 따라서 사업시행자조항은 과잉금지원칙을 위반하여 재산권을 침해하지 않는다.

2. 도시공원 부지 내에 비공원시설을 설치할 수 있도록 한 공원녹지법 제21조의2 제1항이 도시공원 조성사업에 필요한 범위를 넘어 도시공원 부지 내 토지소유자들의 재산권을 침해하는지 여부(소극)

   비공원시설조항은 민간 자본의 참여를 통해 도시공원을 조성하고, 장기미조성 도시공원에 대한 도시·군계획시설결정이 효력을 잃게 되어 대규모의 난개발이 이루어지는 것을 방지하기 위한 것으로서 그 목적의 정당성이 인정되고, 민간공원추진자가 도시공원 조성사업에 참여할 유인이 커질 것으로 보이므로 수단의 적합성도 인정된다. 비공원시설조항은 민간공원추진자로 하여금 도시공원 조성사업으로부터 일정한 수익을 얻을 수 있도록 하면서도, 비공원시설이 도시공원의 본질적인 기능을 해하는 것을 방지하기 위한 규정들을 마련하고, 그 규모를 도시공원 면적의 30퍼센트 미만으로 제한하여, 도시공원 조성사업이 영리추구에 치우쳐 공공성을 잃는 것을 방지하고 있으므로 침해의 최소성이 인정된다. 비공원시설조항으로 도시공원 부지 내 토지소유자의 재산권이 다소 제한된다 하더라도 그 제한의 정도가 비공원시설조항에 의하여 보장되는 도시공원의 확보, 대규모 난개발의 방지 등과 같은 공익에 비하여 중하다고 볼 수 없으므로 법익의 균형성 역시 인정된다. 따라서 비공원시설조항은 과잉금지원칙을 위반하여 재산권을 침해하지 않는다.

CASE 09 | 법정이율

2025.4.10. 2021헌바278

1. 민사법정이율을 연 5%로 고정하고 있는 민법 제379조가 과잉금지원칙에 위배되어 채무자의 재산권을 침해하는지 여부(소극)

   이율에 관한 표준 규범을 정립한다는 입법목적을 효과적으로 달성하기 위해서는 법률이 일정한 이율을 사전에 고지하여 당사자들에게 명확한 행위지침을 제시할 필요성이 있다. 법정이율 고정제와 다른 방식으로 이러한 입법목적을 실현하면서 채무자의 재산권을 덜 제한하는 수단이 명백히 존재한다고 보기 어렵다. 민법 제379조가 민법 제정 이래 현재까지 법정이율을 연 5분으로 고정하고 있다고 하더라도 불합리하게 과도한 이율을 정한 것이라고는 할 수 없다. 따라서 민법 제379조가 과잉금지원칙에 위배되어 채무자의 재산권을 침해한다고 볼 수 없다.

2. 상사법정이율을 연 6%로 고정하고 있는 상법 제54조가 과잉금지원칙에 위배되어 채무자의 재산권을 침해하는지 여부(소극)

상거래는 일반 민사거래보다 자금의 수요가 많고 자금의 이용으로 발생하는 이익이 더 큰 것이 일반적이어서 상법 제54조가 상사법정이율을 민법 제379조의 민사법정이율보다 다소 높게 규정한 것일 뿐, 법정이율의 필요성과 그 입법취지는 기본적으로 상법 제54조와 민법 제379조가 같다고 볼 수 있다. 따라서 민법 제379조와 마찬가지로 상법 제54조도 과잉금지원칙에 위배되어 채무자의 재산권을 침해한다고 볼 수 없다.

3. 민사소송 관련 법정이율을 연 100분의 40 이내의 범위에서 대통령령으로 정하는 이율로 하는 소송촉진 등에 관한 특례법 제3조 제1항이 과잉금지원칙에 위배되어 채무자의 재산권을 침해하는지 여부(소극)

소송촉진법 제3조 제1항 본문이 추구하는 공익은 소송의 신속한 진행과 상소권 남용 방지를 통해 채권자의 정당한 권리 실현을 돕는 데 있다. 반면, 제한되는 사익은 민법상 법정이율(연 5%) 또는 상법상 법정이율(연 6%)을 초과하는 지연손해금 부분이다. 그러나 이와 같은 사익의 제한은 공익 실현에 비하여 크다고 보기 어렵고, 오히려 소송지연에 따른 사회적 비용과 채권자의 손해를 방지한다는 점에서 공익의 비중이 더 크다고 평가된다.
따라서 법익 간의 균형성 요건도 충족된다고 할 수 있다. 소송촉진법 제3조 제1항 본문은 과잉금지원칙에 위배되지 아니하며, 이에 따라 채무자의 재산권이나 재판받을 권리를 침해한다고 볼 수 없다.

CASE 10 유족이 되는 자녀의 범위를 '19세 미만인 자녀'와 '대통령령으로 정하는 정도의 장애 상태에 있는 19세 이상인 자녀'로 정하고 있는 군인연금법 제3조 제2항

2025.4.10. 2022헌바167

1. 포괄위임금지원칙의 의의

헌법 제75조는 '법률에서 구체적으로 범위를 정하여 위임받은 사항'에 관하여 대통령령을 발할 수 있다고 규정하고 있는데, 이는 법률에 이미 대통령령으로 규정될 내용 및 범위의 기본사항이 구체적이고 명확하게 규정되어 있어서 누구라도 당해 법률로부터 대통령령에 규정될 내용의 대강을 예측할 수 있어야 함을 의미한다.
그런데 이러한 위임의 구체성·명확성 내지 예측가능성의 유무는 당해 특정조항 하나만을 가지고 판단할 것은 아니고 관련 법 조항 전체를 유기적·체계적으로 종합 판단하여야 하며, 각 대상법률의 성질에 따라 구체적·개별적으로 검토하여야 한다. 위임입법의 위와 같은 구체성·명확성의 요구 정도는 각종 법률이 규제하고자 하는 대상의 종류와 성질에 따라 달라지는데, 특히 **처벌법규나 조세법규**와 같이 국민의 기본권을 직접적으로 제한하거나 침해할 소지가 있는 법규에서는 구체성·명확성의 요구가 강화되어 그 위임의 요건과 범위가 보다 엄격하게 제한적으로 규정되어야 하는 반면에, **수익적 급부 행정영역 또는 규율대상이 다양하거나 수시로 변화하는** 성질의 것일 때에는 위임의 구체성·명확성에 대한 요구가 보다 완화된다고 할 것이다.

2. 포괄위임금지원칙 위배 여부

(1) 위임의 필요성

심판대상조항은 군인 또는 군인이었던 자의 19세 이상인 자녀가 구 군인연금법상 유족급여를 받을 수 있는 유족의 범위에 포함되기 위해 요구되는 장애 상태의 기준과 범위에 관하여 그 구체적인 내용을 대통령령에 위임하고 있다.

그런데 이러한 장애 상태를 규정함에 있어서는 어떠한 신체기능상의 장애를 포함할 것인지, 얼마나 중한 정도의 장애를 요구할 것인지와 같이 여러 세부적인 고려가 필요한데, 이러한 내용을 모두 법률에서 직접 규정하는 것은 사실상 불가능하다고 할 것이다. 따라서 심판대상조항은 그 규율대상이 지극히 다양한 성질을 지닌 것으로서 행정입법에 의한 탄력적 규율이 요구되는 경우에 해당한다고 할 것이므로, 위임의 필요성이 인정된다.

(2) 예측가능성

심판대상조항은 유족급여라는 수익적 급부행정 영역에 속하므로 위임의 명확성과 구체성 요구가 완화되며, 해당 조항은 장애로 인해 독립적 생계유지가 어려워 부양의 필요성이 있는 19세 이상의 자녀를 의미하는 것으로 충분히 예측 가능하므로, 위임입법의 한계를 일탈한 것으로 보기 어렵다.

(3) 소결

따라서 심판대상조항이 입법자에게 주어진 입법 재량을 지나치게 자의적이거나 불합리하게 행사한 결과 수익적 급부행정영역에서 요구되는 완화된 수준의 위임의 구체성·명확성을 결여하였다고 볼 수 없으므로, 심판대상조항은 포괄위임금지원칙에 위배되지 아니한다.

CASE 11 개별소비세법 제1조 제3항 제4호 위헌소원

2024.8.29. 2021헌바34

1. 골프장 입장행위에 대하여 1명 1회 입장마다 1만 2천 원의 개별소비세를 골프장 경영자에게 부과하는 개별소비세법 제1조 제3항 제4호가 과잉금지원칙에 위반되어 재산권을 침해하는지 여부(소극)

골프장 입장행위에 대한 개별소비세 부과는 담세력에 상응하는 조세부과를 통해 과세의 형평을 도모하기 위한 것으로서 세율이 자의적이라거나 골프장 이용객 수의 과도한 감소를 초래할 정도라고 보이지 아니하며, 사치성이 없다고 볼 수 있는 골프장 입장에 대하여는 개별소비세를 배제할 수 있는 길을 열어놓고 있는 점에 비추어 과잉금지원칙에 위반되어 재산권을 침해하지 않는다.

2. 심판대상조항이 조세평등주의에 위반되는지 여부(소극)

시설이용의 대중성, 일반국민의 인식 등을 근거로 골프장 입장행위와 달리 승마장 입장행위는 개별소비세 부과가 적절하지 아니하다고 본 입법자의 판단이 자의적인 조치라고 보기 어려우므로 구 개별소비세법 조항은 조세평등주의에 위배되지 아니한다고 판단하였고, 이와 관련하여 선례와 달리 판단할 사정변경은 인정되지 않는다. 한편, 요트장, 스키장, 고가의 회원제 스포츠클럽의 경우 매출액, 이용료, 이용방법, 이용객 수 등에 비추어, 그 입장행위에 대해 개별소비세를 부과하지 않는 것이 골프장 입장행위에 대한 과세와의 관계에서 자의적이라고 보기 어렵고, 경마장 등 사행행위 장소 입장에 부과되는 개별소비세는 과세의 목적과 세율이 다르므로 다른 것을 같게 취급하는 것이라 할 수 없다. 따라서 심판대상조항은 조세평등주의에 위배되지 않는다.

CASE 12 공익사업시행지구 밖에 있는 토지등에 대한 손실보상의 청구기간을 해당 사업의 공사완료일부터 1년 이내로 제한한 공익사업을 위한 토지 등의 취득 및 보상에 관한 법률 제79조 제3항

2024.6.27. 2020헌바596

1. 심사기준

공익사업시행지구 밖 토지등에 대한 손실보상의 청구기간을 제척기간으로 할 것인지, 소멸시효로 할 것인지, 나아가 위 청구기간의 기산점과 그 기간을 어느 정도로 할 것인지의 문제는 손실을 입은 토지등의 소유자나 영업자(이하 '소유자등'이라 한다)의 재산권 보호라는 이익과, 공익사업의 안정적 수행 및 법적 안정성이라는 이익을 어떻게 조화시킬 것인가의 문제로서, 원칙적으로 입법자의 재량사항에 속한다. 다만, 손실보상 청구기간이 지나치게 단기간이어서 그 권리행사를 **현저히 곤란하게 하거나 사실상 불가능하게 한다면** 그것은 재산권의 본질을 침해하는 것이므로 허용될 수 없다.

2. 재산권을 침해하는지 여부(소극)

공익사업시행지구 밖 토지등의 소유자등은 해당 공익사업의 공사가 어느 정도 진척된 시점에서는 공사가 완료되기 전이라도 그로 인한 손실의 발생 여부를 알 수 있거나 예측할 수 있고, 공사완료일부터 1년 이내에는 이를 알 수 있는 경우가 대부분이다. 반면 사업시행자의 입장에서는 공익사업시행지구 밖의 토지등에 대한 손실 등을 예측하는 것이 현실적으로 매우 어렵다. 장기간 손실보상 청구가 가능하도록 하거나, 소유자등의 주관적 인식 또는 손실 발생시점 등을 고려하도록 할 경우, 공익사업을 둘러싼 법률관계가 불안정해지고 사업 수행의 안정성이 저해될 위험이 있다. 이를 종합하면, 1년의 손실보상 청구기간이 지나치게 단기간이어서 소유자등의 권리행사를 현저히 곤란하게 하거나 사실상 불가능하게 한다고 볼 수 없으므로, 기간조항은 입법재량을 벗어나 청구인의 재산권을 침해한다고 볼 수 없다.

> **재판관 이은애의 기간조항에 대한 반대의견**
>
> 공익사업시행지구 밖 토지등은 공익사업에서 아예 제외되어 있어 그 소유자등이 공익사업의 시행 여부나 진행경과, 그로 인한 손실 발생 여부 등을 알지 못하는 경우가 있을 수 있으므로, 손실보상 청구기간에 관하여 이러한 토지등을 잔여지에 준하여 취급하는 것은 부당하다. 공익사업의 공사로 인한 피해는 오랜 시간에 걸쳐 서서히 나타나는 경우가 상당수 있으므로, 해당 사업의 공사완료일부터 1년 이내에만 손실보상 청구를 할 수 있도록 하는 것은 경우에 따라 소유자등에게 지나치게 가혹한 처사가 될 수 있다. 따라서 기간조항은 입법재량을 일탈하여 청구인의 재산권을 침해한다.

CASE 13 — 법인이 주택을 취득하는 경우 취득세율을 12%로 규정하고 있는 지방세법

2024.8.29. 2021헌바131

중과조항은 서민의 주거안정을 위하여 법인의 주택 취득 시 고율의 취득세율을 정한 것으로 입법목적의 정당성과 수단의 적합성이 인정되며, 법인 주택 취득의 본질적 속성, 법인을 활용한 투기수요 근절의 필요성, 부칙조항으로 재산권 제한 완화 조치 마련, 과열된 주택시장과 법인의 주택 취득을 억제할 수 있는 정도의 세율, 실제 적용에서 구체적 타당성을 고려하기 위한 지방세법의 관련 규정 등에 비추어 침해의 최소성을 벗어났다고 보기 어렵고 법익의 균형성도 충족한다. 따라서 중과조항은 과잉금지원칙에 반하여 재산권을 침해하지 아니한다.

CASE 14 — 양도인이 '법인'인 경우에 양수한 자가 조합원 지위를 승계될 수 있도록 하는 예외규정을 두지 않은 도시 및 주거환경정비법

2025.1.23. 2021헌마653

1. 제한되는 기본권

(1) 평등권 침해 주장

심판대상조항이 법인인 조합원을 자연인과 달리 취급하여 평등권을 침해한다는 청구인들의 주장은, 결국 법인의 부동산 양도에 대해서 조합원 지위가 승계되는 예외를 폭넓게 인정하지 않으면 조합원 지위를 보유한 법인의 재산권과 그로부터 부동산을 양수한 자의 재산권을 침해한다는 주장과 실질적으로 동일하다. 심판대상조항의 재산권 침해 여부를 판단한 이상, 평등권 침해 여부는 별도로 판단하지 않기로 한다.

(2) 거주·이전의 자유, 주거의 자유 침해 주장

양도인이 양수인에게 조합원 지위 승계가 되지 않는 토지등을 원하는 가격으로 매도하는 것이 어려워지는 불이익을 입는다 해도 이는 조합원의 지위 승계 불허라는 재산권의 제한에 수반되는 반사적·사실적 불이익에 불과할 뿐이다. 따라서 심판대상조항에 의해서 청구인들의 거주·이전의 자유, 주거의 자유는 침해될 여지가 없다.

(3) 재산권

조합원의 자격 내지 지위는 재건축 후 건축물 등에 대한 분양청구권을 내포하고 있다. 따라서 조합원이 토지등을 양도하는 것을 금지하지는 않더라도, 토지등의 소유권과 불가분적으로 결합되어 있는 '조합원 지위'의 처분을 제한하는 법률은 조합원의 재산권을 제한하는 것이라 할 수 있다. 토지와 관련된 재산권에 대한 제한 입법 역시 다른 기본권을 제한하는 입법과 마찬가지로 과잉금지원칙을 준수해야 하고, 재산권의 본질적 내용인 사용·수익권과 처분권을 부인해서는 아니 된다.

이에 따라 심판대상조항이 법인인 조합원의 토지등 양도에 대해서 조합원 지위의 승계를 인정하는 예외 사유를 별도로 두지 않은 것이 과잉금지원칙을 위반하여 청구인들의 재산권을 침해하는지 여부를 살펴본다.

2. 투기과열지구에 소재한 토지 또는 건축물을 재건축사업의 조합설립 인가 후에 양수한 자는 조합원이 될 수 없도록 하는 것에 대한 예외를 '근무상 또는 생업상의 사정이나 질병치료 등으로 인한 이주', '1세대 1주택자로서 장기간 보유 및 거주한 경우'로 규정한 '구 도시 및 주거환경정비법' 제39조 제2항 중 '재건축사업'에 관한 부분 및 '구 도시 및 주거환경정비법 시행령' 제37조 제2항 중 '재건축사업'에 관한 부분이 양도인이 '법인'인 경우에 해당하는 예외규정을 별도로 두지 않아 해당 부동산을 양도한 법인과 그로부터 부동산을 양수한 자의 재산권을 침해하는지 여부(소극)

투기과열지구 내에서의 부동산 거래에 대해 조합원 지위의 승계를 불허하여 투기를 억제하되, 투기 목적을 갖지 않은 조합원의 실질적인 부동산 양도 기회를 보장한다는 심판대상조항의 입법목적은 정당하다.

법인은 부동산 보유와 관련하여 적용되는 세금제도나 자금동원능력 등이 자연인과는 다르기 때문에, 법인의 세금부담 증가 내지 경영 악화로 인한 양도를 자연인의 '생업상 사정이나 질병치료 등을 이유로 이주하기 위한 양도'와 같은 정도로 불가피하다고 보기 어렵다. 또한, 법인은 그 자체로는 부동산에 거주할 수 없으므로, 법인의 사택에 장기간 거주한 직원이 있다 하여 해당 법인을 '1세대 1주택자로서 부동산을 장기간 보유하고 거주한 자연인'과 같다고 하기 어렵다.

심판대상조항으로 인하여 양도인으로서는 부동산을 원하는 가격에 처분하지 못하고 양수인으로서는 재건축사업조합에 부동산을 개발이익이 포함된 가격에 매도하는 불이익을 입게 되나, 부동산의 투기를 억제함으로써 국민 주거의 안정을 달성한다는 공익은 매우 중대하다. 따라서 심판대상조항이 양도인이 '법인'인 경우에 해당하는 예외규정을 별도로 두지 않았다 하여, 과잉금지원칙을 위반하여 법인과 그로부터 부동산을 양수한 자의 재산권을 침해한다고 볼 수 없다.

CASE 15 압류채권자의 일방적인 의사에 따라 사원의 퇴사가 이루어지도록 하는 상법 제224조 제1항과 이를 법무법인에 준용하도록 한 변호사법 제58조 제1항

2025.3.27. 2021헌바4

1. 쟁점의 정리

청구인은, 심판대상조항이 구성원에 대한 채권자의 권리행사로 구성원의 강제 탈퇴가 이루어지도록 허용함으로써 청구인의 재산권이 침해된다고 주장하는 한편, 채권자의 구성원에 대한 퇴사청구권의 행사는 법무법인 존폐의 문제로까지 이어질 수 있으므로 심판대상조항으로 인하여 청구인의 직업선택의 자유, 결사의 자유가 침해된다고도 주장한다. 그런데 하나의 규제로 인하여 여러 기본권이 동시에 제약을 받는 기본권 경합의 경우에는 기본권 침해를 주장하는 청구인의 의도 및 기본권을 제한하는 입법자의 객관적 동기 등을 참작하여 사안과 가장 밀접한 관계가 있고 또 침해의 정도가 큰 주된 기본권을 중심으로 해서 그 제한의 한계를 따져 보아야 한다.

살피건대, 심판대상조항에 의하여 구성원에 대한 채권자의 청구로 해당 구성원을 퇴사시킴으로써 법무법인에게 속하여 있던 출자금 내지 출자지분을 다시 구성원에게 환급하여야 하는바, 당해사건 및 그 항소심에서 청구인은 구성원의 퇴사 당시 법무법인의 소극재산이 적극재산을 초과하는 채무초과 상태여서 환급할 재산이 존재하지 않기에 채권자의 추심금 청구에 응할 수 없다는 취지로 다투어 왔던 점, 심판대상조항의 입법목적 또한 구성원의 지분을 압류한 채권자에게 해당 구성원에 대한 퇴사청구권을 인정함으로써 법무법인의 해당 구성원에 대한 지분환급을 통하여 채권을 변제받을 수 있도록 하는 등 채권자를 보호하기 위한 것인 점 등을 종합하여 보면, 이 사건의 주된 쟁점은 심판대상조항으로 인하여 **청구인의 재산권이 침해되는지 여부이다.** 따라서 심판대상조항이 청구인의 재산권을 침해하는지 여부를 중심으로 판단하기로 한다.

2. 과잉금지원칙 위반 여부

심판대상조항은 법무법인 구성원의 지분을 압류한 채권자에게 퇴사청구권을 인정함으로써 채권자의 권리 보호를 도모하는 것으로, 목적의 정당성과 수단의 적합성이 인정된다. 법무법인은 구성원이 무한책임을 지는 구조이므로 구성원의 채무불이행은 법무법인의 신뢰성과 공공 신뢰에 영향을 미치며, 이에 대한 조치로서 구성원의 퇴사는 정당성을 가진다. 따라서 심판대상조항은 법무법인의 재산권을 과도하게 침해하지 않고, 공익이 사익보다 우월하므로 법익의 균형성도 충족되어 과잉금지원칙에 위반되지 않는다.

CASE 16 이자제한법 제2조 제4항 위헌소원

2025.2.27. 2023헌바143

1. 쟁점의 정리

(1) 심판대상조항은 초과지급이자 중 원본에 충당되고도 남은 금액이 있는 때에는 채권자에게 그 반환을 청구할 수 있도록 규정하고 있다. 이로써 심판대상조항은 사인 간의 금전대차계약 체결 시 이자제한법상 최고이자율 규정을 준수하도록 하고, 채권자에게 초과지급이자에 대한 반환의무를 부담시키므로 채권자의 계약의 자유와 재산권을 제한한다. 따라서 심판대상조항이 과잉금지원칙에 위배되어 채권자의 계약의 자유와 재산권을 침해하는지 여부가 문제된다.

(2) 청구인은 심판대상조항이 헌법 제119조 제1항에 위반된다고도 주장한다. 그런데 **헌법 제119조 제1항은 헌법상 경제질서에 관한 일반조항**으로서 국가의 경제정책에 대한 하나의 헌법적 지침으로, 직업의 자유, 재산권의 보장, 근로3권과 같은 경제에 관한 기본권 및 비례의 원칙과 같은 법치국가원리에 의하여 비로소 헌법적으로 구체화되는 것이다. 따라서 심판대상조항이 과잉금지원칙에 반하여 재산권 등을 침해하는지 여부를 살펴보는 이상 이 부분 주장에 대하여는 별도로 살펴보지 아니한다.

2. 채무자가 이자제한법상 최고이자율을 초과하는 이자를 임의로 지급한 경우, 원본에 충당되고 남은 금액이 있는 때에는 채권자에게 그 반환을 청구할 수 있도록 규정한 이자제한법 제2조 제4항 중 '반환을 청구할 수 있다' 부분이 과잉금지원칙에 위배되는지 여부(소극)

심판대상조항이 달성하고자 하는 공익은 경제적으로 궁박한 상황에 처한 사회적 약자를 과도한 고금리 사채로부터 보호함으로써 국민경제생활의 안정과 경제정의의 실현에 이바지하는 것인바, 이는 채권자가 입는 불이익보다 훨씬 중대하므로, 심판대상조항은 법익의 균형성에도 반하지 아니한다.

CASE 17. 육아휴직 급여의 일부인 사후지급금을 육아휴직 종료 후 해당 사업장에 복귀하여 6개월간 계속 근무한 경우에 지급하도록 규정한 구 고용보험법 시행령 제95조

2025.4.10. 2021헌마1362

1. 쟁점의 정리

육아휴직 종료 후 해당 사업장에 복귀하지 아니하거나 복귀하여 6개월 미만의 기간 동안 근무한 육아휴직 급여수급권자는 사후지급금을 지급받지 못하게 되었다. 따라서 사후지급금 조항은 해당 사업장에 복귀하지 아니한 육아휴직 급여수급권자인 청구인의 인간다운 생활을 할 권리 및 재산권을 제한한다.

그러나 사후지급금 조항이 청구인이 다른 사업장에 종사하는 것을 제한하거나 그 직업 수행의 내용을 제한하는 것은 아니므로 사후지급금 조항으로 인하여 육아휴직 급여수급권자의 직업의 자유가 제한된다고 볼 수는 없다. 따라서 위 주장에 대하여는 더 나아가 판단하지 아니한다.

2. 법률유보원칙 위반 여부(소극)

(1) 관련 법리

기본권 제한에 관한 법률유보원칙은 '법률에 근거한 규율'을 요청하는 것이므로, 그 형식이 반드시 법률일 필요는 없다 하더라도 법률상의 근거는 있어야 한다. 따라서 모법의 위임범위를 벗어난 하위법령은 법률의 근거가 없는 것으로 법률유보원칙에 위반된다. 한편, 하위법령에 규정된 내용이 상위법령이 위임한 범위 안에 있는지 여부를 판단함에 있어서는, 당해 특정 법령조항 하나만 가지고 판단할 것이 아니라 관련 법령조항 전체를 유기적·체계적으로 고려하여 종합적으로 판단하여야 한다.

(2) 판단

고용보험법 제70조는 육아휴직 급여 지급 기준과 급여액 산정을 대통령령에 위임하며, 시행령은 급여를 기간별·금액별로 차등 지급하도록 규정하고, 일부 금액은 복직 후 일시불로 지급하도록 정하고 있다. 육아휴직 급여는 재산권적 성격을 일부 지니지만, 사회보험을 통한 수급권이므로 사회보장법 원리에 따라 탄력적이고 다양하게 규율될 수 있다. 개별 근로자의 상황에 따라 급여를 달리 정할 필요가 있고, 이를 모두 법률로 규정하는 것은 입법기술상 곤란하므로 대통령령에 위임한 것은 정당하다. 사후지급금 조항은 육아휴직제도의 고용유지 목적에 부합하고, 고용보험법이 위임한 범위 내에서 급여 산정 기준을 구체화한 것에 해당하므로 법률유보원칙에 위배되지 않는다.

3. 입법형성권의 한계 일탈 여부(소극)

(1) 재판관 문형배, 재판관 김형두, 재판관 정형식, 재판관 조한창의 기각의견

① 심사기준

육아휴직 급여수급권은 사회보장적 급여로서의 성격을 가지므로, 입법자가 구체적 내용을 형성할 때 폭넓은 입법재량이 인정된다. 따라서 사후지급금 조항은 내용이 현저히 불합리한 경우에만 위헌이 될 수 있다.

② 판단

육아휴직 급여는 근로자의 생계불안을 줄이고 복귀를 유도하기 위한 제도이다. 사후지급금 조항은 고용유지를 통해 제도의 목적을 실현하려는 입법자의 판단으로, 합리적 근거를 가진다.

육아휴직 후 미복귀는 사업주의 부담을 초래하며, 이는 육아휴직제도 활용을 위축시킬 수 있다. 사후지급금 제도는 제도 악용을 방지하고 복귀 유인을 제공한다.

정당한 사유로 복귀하지 못한 경우에도 사후지급금을 받을 수 있어, 수급권자의 불측 손해를 방지한다. 국가는 아동수당 등 별도 지원책을 두고 있으며, 6개월 복무 요건이 과도하거나 생계위협으로 보기 어렵다. 사후지급금 조항은 현저히 불합리하지 않으며, 인간다운 생활을 할 권리나 재산권을 침해한다고 볼 수 없다.

(2) 재판관 이미선, 재판관 정정미, 재판관 김복형, 재판관 정계선의 인용의견

육아휴직 급여의 소득대체율이 낮은 상황에서 사후지급금으로 인해 육아휴직 중 소득보장이 더욱 약화된다. 사후지급금 제도의 실질 목적은 육아휴직제도의 악용 방지이나, 이는 본래 목적(저출산 해소, 일·가정 양립 지원)에 반한다. 특히 저소득 근로자에게 불이익이 크며, 육아휴직 사용을 위축시켜 출산 기피로 이어질 수 있다. 사후지급금 제도는 현저히 불합리하여 입법형성권의 한계를 일탈하였고, 청구인의 인간다운 생활을 할 권리와 재산권을 침해하므로 위헌이다.

08 직업의 자유

CASE 01 입식제한기간을 14일 미만으로 축소하지 않도록 한 구 '가축전염병 예방법 시행규칙'

2025.1.23. 2021헌마1194

1. 쟁점의 정리

(1) 육계 또는 육용오리농가에 대해 일제 입식 및 출하를 준수하도록 하고 입식제한기간을 14일 미만으로 축소하지 않도록 한 구 '가축전염병 예방법 시행규칙'(입식제한조항)으로 인하여 일제 입식 및 출하와 입식제한기간의 준수가 강제되므로 **직업수행의 자유를 제한받는다.**

(2) 청구인 임○○ 등은 입식제한조항으로 말미암아 축사나 동을 충분히 가동할 수 없어 그 사용 및 수익을 제한받고 있으므로 재산권이 제한된다고 주장한다. 그러나 헌법 제23조에서 보장하는 재산권은 사적 유용성 및 그에 대한 원칙적 처분권을 내포하는 재산 가치 있는 구체적 권리이므로, 구체적인 권리가 아닌 단순한 이익이나 재화의 획득에 관한 기회 또는 기업 활동의 사실적·법적 여건 등은 재산권 보장의 대상에 포함되지 아니한다. 입식제한조항으로 인하여 청구인 임○○ 등이 소유하고 있는 축사나 동을 충분히 가동하지 못하여 영업이익이 감소되었다 하더라도, 이들이 소유하는 가축사육시설이나 장비 등에 대한 구체적인 사용·수익 및 처분권한을 제한받는 것은 아니므로, 입식제한조항이 청구인 임○○ 등의 재산권을 제한한다고 볼 수 없다.

2. 육계 또는 육용오리농가에 대해 일제 입식 및 출하를 준수하도록 하고 입식제한기간을 14일 미만으로 축소하지 않도록 한 구 '가축전염병 예방법 시행규칙' 제20조의9 [별표 2의4] 제4호 차목(이하 '입식제한조항'이라 한다)이 법률유보원칙에 위반되는지 여부(소극)

가축전염병 예방법은 모든 축종이나 품종에 대하여 동일한 입식 및 출하 기준을 정하도록 위임하고 있지 않고, 입식시기를 제한할 수 없다는 등의 내용을 두고 있지 아니하므로, 입식제한조항이 육계 또는 육용오리농가에 대하여만 일제 입식 및 출하기준이나 입식제한기간 준수의무를 두었다고 하여 그것이 모법의 위임범위를 일탈하였다고 볼 수 없다. 따라서 입식제한조항은 법률유보원칙에 위반되지 아니한다.

3. 입식제한조항이 과잉금지원칙에 위반되어 직업수행의 자유를 침해하는지 여부(소극)

일제 입식 및 출하는 서로 다른 연령의 가금이 섞여 있을 때 발생할 수 있는 질병의 전파를 차단하고, 효율적으로 백신 관리를 할 수 있게 하며, 농장의 위생상태를 최적화하여 농장의 생산성을 향상시키고 질병으로 인한 손실을 예방하는 데에 기여한다. 또한 14일 이상의 입식제한기간을 준수하도록 한 것은 고병원성 조류인플루엔자 바이러스의 잠복기 등을 고려한 것으로 고병원성 조류인플루엔자의 발생 가능성을 줄이고 전염병 발생 시 신속한 대응을 할 수 있는 환경을 조성하게 한다.

더욱이 육계 및 육용오리농가는 일 년 내내 입식제한기간의 적용을 받는 것이 아니라 고병원성 조류인플루엔자 발생가능성이 높은 특정 시기에만 입식제한기간의 적용을 받게 된다. 따라서 입식제한조항은 과잉금지원칙에 위반되어 가축사육업자들의 직업수행의 자유를 침해하지 아니한다.

4. 신규 입식 및 거래 시의 방역기준을 위반한 자에게 과태료를 부과하도록 한 구 '가축전염병 예방법' 제60조 제1항 제5호의9 중 '제17조의6 제1항 제4호'에 관한 부분이 과잉금지원칙에 위반되어 직업수행의 자유를 침해하는지 여부(소극)

방역기준의 위반이 국민의 생명과 재산에 미치는 영향을 고려할 때 1천만 원 이하의 과태료를 부과하는 것이 지나치게 과중하다고 볼 수 없고, 감액조항만으로는 방역기준의 의무이행확보수단으로서 충분하지 않기 때문에 감액조항 외에 과태료조항을 둔 것이 과잉제재라고 보기 어렵다. **보상금 감액 처분을 하는 것**과 행정법상 질서벌인 **과태료를 부과하는 것**은 헌법 제13조 제1항에서 금지하는 거듭된 **국가의 형벌권 행사와는 관련이 없으므로**, 이중처벌금지원칙 위반 주장은 이유 없다. 또한 감액조항은 '가축전염병 예방법' 제48조 제1항에 따라 보상금을 받는 사람에 대하여만 적용되고, 필요적 감액이 아니라 국가나 지방자치단체가 보상금의 감액 여부를 선택할 수 있다는 점에서 그 적용범위가 제한적이다. 따라서 감액조항만으로는 방역기준의 의무이행확보수단으로서 충분하다고 보기 어려우므로 감액조항 외에 과태료조항을 둔 것이 과잉제재라고 보기도 어렵다. 따라서 과태료조항은 과잉금지원칙에 위반되어 가축사육업자들의 직업수행의 자유를 침해하지 아니한다.

CASE 02

택시운수종사자 또는 화물운송종사자가 '특정범죄 가중처벌 등에 관한 법률'상 보복범죄를 범하여 금고형의 집행유예 이상의 형을 선고받으면 필요적으로 택시운전자격 및 화물운송자격을 취소하도록 하고, 이에 따라 택시운전자격이 취소되면 개인택시면허 역시 취소할 수 있도록 한 여객자동차 운수사업법 제85조 제1항 제37호 등 위헌소원

2025.3.27. 2021헌바219

1. 쟁점의 정리

(1) 택시운전자격 취소조항 및 화물운송자격 취소조항

두 조항과 가장 밀접한 관계에 있는 기본권인 **직업선택의 자유 침해 여부가 문제된다.**

(2) 개인택시면허 취소조항

심판대상조항은 개인택시운송사업자의 운전면허가 취소된 경우에는 개인택시운송사업면허를 취소하거나 사업정지를 명할 수 있도록 하는바, 이 경우 해당 운송사업자는 개인택시운송사업을 영위할 수 없게 되므로 심판대상조항은 청구인의 직업선택의 자유를 제한한다. 개인택시운송사업면허는 양도·상속할 수 있는 재산적 가치가 있는 권리로서 헌법 제23조에 의하여 보장되는 재산권에 해당하므로, 심판대상조항은 청구인의 재산권도 제한한다. 그러므로 개인택시면허 취소조항에 관해서는 위 조항이 과잉금지원칙을 위반하여 **개인택시운송사업자의 직업선택의 자유 및 재산권을 침해하는지 여부가 문제된다.**

2. 택시운전자격 취소조항에 대한 판단

① 택시운전자격 취소조항은 국민을 범죄로부터 보호하고 공공안전을 확보하기 위한 정당한 입법목적을 가진다.
② 보복범죄는 국가 사법기능을 훼손하는 중대한 범죄로, 임의적 취소보다 필수 취소가 침해 최소성 원칙을 충족한다.
③ 자격 취소는 일정 기간 후 재취득이 가능해 개인 불이익이 제한적이며, 공익적 목적과 법익 균형성이 인정된다.

3. 개인택시면허 취소조항에 대한 판단

개인택시면허 취소조항은 국민의 생명·신체·재산 보호를 위해 안전운행을 확보하고 운송서비스를 향상시키려는 정당한 공익 목적을 가진다. 공익 우선과 개인 권리 보장 간 균형이 이루어져 있다.

4. 화물운송자격 취소조항에 대한 판단

화물운송자격 취소조항에 의하여 화물운송자격이 취소되더라도 일정기간이 경과하면 다시 자격을 취득할 수 있으므로 이로 인한 불이익은 제한적인 반면, 특정범죄가중법 제5조의9 제2항에 따른 보복범죄를 범하여 금고 이상의 형의 집행유예를 선고받고도 금지규정에 위반하여 그 유예기간 중에 택배서비스사업 운전업무에 종사한 자를 화물자동차 운송사업의 운전업무에서 배제하여 면대면의 화물운송 서비스에서 보복범죄 등 강력범죄로부터 국민을 보호하고자 하는 공익은 매우 중요하다. 따라서 화물운송자격 취소조항은 법익의 균형성도 충족한다.

CASE 03 | 법무사법 제2조 제1항 제7호 위헌확인 등

2024.8.29. 2020헌마839

1. 법무사업무범위를 규정한 법무사법 제2조 제1항 제1호, 제2호, 제3호, 제4호, 제6호 단서, 제7호, 제8호 제2조 제2항, 구 법무사법 제2조 제1항 제7호의 직업의 자유 침해 여부(소극)

법무사의 업무범위를 규정한 법무사법 조항들은 법률사무관련 직업에 대한 자격제도를 도입하게 된 목적, 각 전문분야가 갖는 특성과 그 업무의 성격, 각 전문분야의 자격요건 및 직무수행에 있어서의 통제가 서로 다른 합리적, 합목적적 차이에 따른 것이고 과잉금지원칙에 위배되지 않으므로 법무사인 청구인등의 직업의 자유를 침해하지 아니한다.

2. 법무사보수기준을 대한법무사협회에 위임한 법무사법 제19조 제3항의 직업의 자유 침해 여부(소극)

국민이 예측가능한 적정비용으로 법률서비스를 이용할 수 있도록 대한법무사협회 회칙으로 보수기준을 정하도록 한 법무사법 조항은, 법무사가 등기신청의 대리 업무에 있어서 독·과점적 지위를 가지는 점을 고려할 때 법무사의 보수규제의 필요성이 큰 점, 입법자가 해당 업무에 대한 변호사의 실질적인 관여 정도 및 국민의 법률생활의 편의도모 필요성 등을 종합적으로 고려하여 특별히 보수기준제를 둔 것이라고 보이는 점 등을 고려할 때 법무사인 청구인등의 직업의 자유를 침해하지 아니한다.

3. **행정사업무범위를 규정한 행정사법 제2조 제1항 단서, 같은 항 제5호의 직업의 자유 침해 여부(소극)**

    행정사의 업무범위를 규정한 행정사법 조항들은 변호사, 법무사, 세무사, 노무사 등 각 자격제도를 도입하게 된 목적, 각 전문분야가 갖는 특성과 그 업무의 성격, 각 전문분야의 자격요건 및 직무수행에 있어서의 통제가 서로 다른 합리적, 합목적적 차이에 따른 것으로 행정사인 청구인등의 직업의 자유를 침해하지 아니한다.

4. **전문자격사 법인구성원 등을 해당 자격사로 제한하는 법무사법 제35조 제1항 및 제47조의6 제1항 중 각 '법무사로 구성' 부분, 행정사법 제25조의2 중 '행정사를 구성원으로 하는' 부분, 공인노무사법 제7조의3 제1항 중 '개업노무사로 구성' 부분, 공인회계사법 제26조 제1항 본문 중 '공인회계사인 이사' 부분, 관세사법 제17조의3 제1항, 변리사법 제6조의3 제1항 중 '변리사를 구성원으로 하는' 부분, 변호사법 제45조 제1항 중 '변호사로 구성' 부분, 제58조의6 제1항 중 '변호사로 구성' 부분, 세무사법 제16조의5 제1항 전단의 직업의 자유 침해 여부(소극)**

    전문자격사 법인의 구성원 등 자격을 해당 전문자격사로 한정한 조항들은, 전문자격사 법인 제도 자체에 내재한 요청이며, 해당 전문자격이 있는 사람이 해당 전문자격사 법인에 의뢰된 사건의 지휘·감독 책임 등을 질 것이라는 일반 국민의 신뢰를 보호하기 위한 것으로, 지나친 규제라고 볼 수는 없어 청구인등의 직업의 자유를 침해하지 아니한다.

5. **비변호사가 변호사를 고용하여 법률사무소를 개설·운영하거나 비변호사가 변호사업무를 통해 보수 등을 분배받아 동업하는 것을 금지하는 변호사법 제34조 제4항, 제5항의 직업의 자유 침해 여부(소극)**

    변호사가 아닌 자와 변호사의 보수분배 등 동업을 금지하는 변호사법 조항들은 변호사 자격제도의 근간을 유지하고 부실한 법률사무 처리를 방지하여 의뢰인 등의 권리를 보호하기 위한 것으로 청구인등의 직업의 자유를 침해하지 아니한다.

6. **법무사 1인당 사무원 수를 제한하는 법무사규칙 제37조 제5항의 직업의 자유 침해 여부(소극)**

    정형적이고 실무적인 업무 특성으로 인해 법무사의 사무원은 법무사의 업무 전반에 실질적인 관여를 할 가능성이 있으므로, 사무원 수를 제한함으로써 양질의 법률서비스를 제공하게 하는 법무사규칙 조항은 법무사인 청구인등의 직업의 자유를 침해하지 아니한다.

CASE 04 — 강제추행죄로 벌금형이 확정된 체육지도자의 자격을 필요적으로 취소하도록 한 구 국민체육진흥법

2024.8.29. 2023헌가10

심판대상조항은 체육지도자 자격제도에 대한 공공의 신뢰를 보호하고 국민을 잠재적 성범죄로부터 보호하는 한편 건전한 스포츠 환경을 조성하기 위한 것이다. 강제추행죄는 상대방의 성적 자기결정권을 직접적으로 침해하는 범죄로 가해자에 대한 비난가능성이 높고, 범행의 내용이나 정도를 개별적으로 검토하여 임의적으로 자격을 취소하는 방법으로는 제도 운영의 투명성과 공정성을 기하기 어렵다. 일반 국민을 잠재적 성범죄로부터 보호할 필요성, 피해자의 효과적 대응이 어려운 전문체육분야의 특성 등을 고려하면, 체육지도자 자격의 필요적 취소에 관한 입법자의 판단이 현저히 불합리하다고 보기 어렵고, 법률에서 체육지도자 자격을 필요적으로 요구하는 분야 이외에는 체육지도자 자격이 취소되더라도 체육 종목 지도가 가능하므로, 이를 과도한 제한이라고 단정하기 어렵다. 또한 심판대상조항으로 인한 필요적 자격 취소의 불이익보다 체육활동을 하는 국민과 선수들을 보호하고 건전한 스포츠 환경을 조성하는 공익이 훨씬 더 중요하다. 따라서 심판대상조항은 과잉금지원칙에 위반하여 직업선택의 자유를 침해한다고 볼 수 없다.

CASE 05 — 100세대 이상 민간임대주택단지 임대사업자가 증액할 수 있는 임대료 증액 비율의 상한을 법령에서 정하고 있는 산식에 따라 산출된 비율로 정하도록 하고, 그 상한의 최고한도는 5퍼센트를 넘지 않도록 규정하고 있는 '민간임대주택에 관한 특별법 시행령'

2024.7.18. 2020헌마1434

민간임대주택에 거주하는 국민의 주거생활을 안정시킨다는 공익은 매우 중대한 반면, 제한되는 사익은 각종 혜택에 의하여 어느 정도 전보될 수 있으므로, 심판대상조항은 법익의 균형성도 갖추었다. 따라서 심판대상조항은 과잉금지원칙에 위반되어 청구인의 계약의 자유 및 직업수행의 자유를 침해하지 아니한다.

CASE 06 | 대형트롤어업의 허가를 할 때 동경 128도 이동수역에서 조업하여서는 아니 된다는 조건을 붙이도록 한 구 '어업의 허가 및 신고 등에 관한 규칙'

2024.7.18. 2021헌마533

심판대상조항은 동해안에서 어업을 영위하고 있는 어업인과의 갈등을 방지하는 한편, 살오징어 생산량 감소의 원인 중 하나로 지목되는 남획의 가능성을 감소시키는 데 기여할 수 있다. 대형트롤어업의 채산성 하락은 인건비 상승 및 연료비 상승을 비롯한 복합적 요인이 작용하였으므로 단순히 조업구역에 관한 규율이 절대적 원인이라고 단언하기 어렵다. 경상북도 연안복합어업 경우 어업생산량 중 살오징어가 차지하는 비중이 상당히 높고, 대형트롤어업의 어획강도는 살오징어를 주 어획어종으로 삼는 근해채낚기어업에 비해 상대적으로 매우 높다. 다른 어업과의 상생 문제에 대한 사회적 합의가 부족한 상황에서 동경 128도 이동수역에서의 조업금지를 유지하기로 하는 행정청의 판단이 현저히 불합리하다고 보기 어렵다. 따라서 심판대상조항은 과잉금지원칙에 반하여 청구인들의 직업수행의 자유를 침해하지 않는다.

> **재판관 이은애의 반대의견**
>
> 국내 수산자원의 감소는 어업인의 남획만이 아닌 해양생태계 변화와 구조적 어장 개편 문제와 관련이 있다. 대형트롤어업의 동경 128도 이동수역 조업금지는 1976년 이후 약 48년간 유지되어 대형트롤어업의 존립을 어렵게 하고 있다. 대형트롤어업이 연안어업에 중대한 피해를 준다는 근거는 부족하며, 동해구중형트롤어업 등 근해어업은 오히려 높은 어획량을 보이기도 한다. 이미 조업금지구역이 광범위하게 설정되어 있어, 동경 128도 이동수역 조업 허용은 주로 동해 방면 한일중간수역에서만 영향을 미칠 것이다. 일본은 해당 수역에서 대형트롤어업을 포함한 저인망어업을 허용하고 있어, 우리나라만 이를 금지하는 것은 실효성이 불분명하다. 결론적으로, 심판대상조항은 과잉금지원칙에 반하여 청구인들의 직업수행의 자유를 침해한다.

CASE 07 | 외끌이대형저인망어업의 조업구역을 제한하고 있는 구 수산업법 시행령 제40조 제1항

2024.8.29. 2021헌마146

심판대상조항은 근해어업 수산자원의 지속적 이용가능성을 위하여 어업조정상 필요에 따라 외끌이대형저인망어업의 조업구역을 규정한 것이다. 국가는 수산자원을 보호하고 효율적으로 관리하기 위해 조업구역을 설정하는 등 다양한 수단을 활용할 수 있고, 복합적·다층적인 어업규제의 특성에 비추어 그에 대한 행정청의 판단은 현저히 불합리하지 않은 이상 존중할 필요가 있다. 근해수역과 수산자원은 한정되어 있고, 대형저인망어업은 어획강도가 높으며, 어업인들 사이에서 외끌이대형저인망어업의 조업구역에 관한 분쟁이 장기간 계속되고 있다. 한일어업협정(조약 제166호)의 실효만으로 동경 128도 동쪽에서 외끌이대형저인망어업의 조업을 제한할 필요성이 사라졌다고 보기 어렵다. 그러므로 심판대상조항은 과잉금지원칙에 반하여 외끌이대형저인망어업을 영위하는 어업인인 청구인들의 직업수행의 자유를 침해하지 아니한다.

CASE 08 | 의료법을 위반하여 금고 이상의 형을 선고받은 경우 의사면허를 필요적으로 취소하도록 규정한 구 의료법

2024.8.29. 2021헌바419

의료법 위반 사건을 담당하는 법원이 면허취소의 요부까지 고려하여 판단할 수 있는 점, 면허가 취소되더라도 3년이 경과하면 재교부가 가능한 점 등을 이유로, 심판대상조항이 직업선택의 자유를 침해하지 아니한다고 판단하였다. 이에 더하여, 면허취소의 시한을 별도로 정할 경우 취소 사유가 있음에도 취소를 할 수 없는 경우가 생기게 되어 의료인에 대한 신뢰확보라는 입법목적을 충분히 달성할 수 없는 점, 의료법 위반으로 금고 이상의 형을 선고받은 의료인으로서는 면허취소가 뒤따를 것임을 예측할 수 있으므로 그 취소가 다소 뒤늦게 행해지더라도 입게 되는 불이익의 정도는 크지 않은 점 등을 고려하면, 심판대상조항은 과잉금지원칙에 반하여 직업선택의 자유를 침해한다고 볼 수 없다.

CASE 09 | 보조금수령자가 거짓이나 그 밖의 부정한 방법으로 보조금을 지급받은 사유로 '보조금 관리에 관한 법률' 제33조에 따라 보조금 반환명령을 1회 이상 받은 경우 중앙관서의 장으로 하여금 해당 보조금수령자를 소관 보조사업의 수행 대상에서 배제하도록 한 구 '보조금 관리에 관한 법률' 제31조의2

2025.1.23. 2021헌가35

심판대상조항은 국가가 교부하는 보조금 운용의 건전성 및 공정성과 보조사업의 충실한 이행을 확보하고 국가 재정의 손실을 막기 위한 것으로서 위와 같은 입법목적은 정당하고, 거짓이나 그 밖의 부정한 방법으로 보조금을 지급받은 보조금수령자를 향후 보조사업의 수행 대상에서 배제하는 것은 수단의 적합성도 인정된다.

거짓이나 그 밖의 부정한 방법으로 보조금을 지급받은 보조금수령자는 심판대상조항으로 인하여 국가의 보조금 교부 대상 보조사업을 수행하지 못하게 되는 불이익을 입을 수 있으나, 이러한 불이익은 보조금 예산의 낭비를 막고 국가 재정의 건전성을 확보한다는 공익에 비하여 중하다고 볼 수 없다. 따라서 심판대상조항은 법익의 균형성도 갖추고 있다. 그렇다면 심판대상조항은 과잉금지원칙을 위반하여 직업수행의 자유를 침해하지 아니한다.

제1종 환경영향평가업자가 2022.7.1.부터 1명 이상의 환경영향평가사를 두도록 규정한 환경영향평가법 시행령 제68조 제2항

2025.3.27. 2022헌마914·1179(병합)

심판대상조항은 환경영향평가업 기술인력의 전문성을 확보하여 환경영향평가의 적정성과 충실성을 기하고자 하는 것으로서 그 목적이 정당하고, 일정 수준의 환경영향평가능력이 담보되는 환경영향평가사로 하여금 평가 업무를 총괄하도록 하는 것은 환경영향평가의 내실화를 위한 적합한 수단이다.

입법자는 기존 기술인력이 개별 평가 분야에 전문성을 가진 기술자격자 등으로 구성되어 통합적 분석에 한계를 지님에 따라 환경영향평가사 제도를 도입하고 자격 검정 기준에 종합조정 능력을 두어 문제점을 개선할 수 있도록 조치한 것인바, 이와 같이 기존 기술인력을 유지하는 대안으로 부족하다는 입법자의 판단은 수긍할 수 있다. 제2종이 아닌 제1종 환경영향평가업자만이 환경영향평가사 고용의무를 부담하는 점, 고용의무 불이행 시 위반 횟수에 따라 경고나 영업정지 등 임의적 규정에 따른 행정처분이 부과될 수 있을 뿐 환경영향평가사를 두지 않은 것만으로 곧바로 환경영향평가업의 등록이 취소되지 않는 점을 고려하면 입법자가 고용의무 부과의 범위 및 제재의 정도를 줄임으로써 기본권 제한을 최소화하였다고 평가할 수 있다. 나아가 제1종 환경영향평가업체 수와 환경영향평가사 합격자 수를 고려하면 제1종 환경영향평가업자가 환경영향평가사 고용의무를 이행할 수 있는 충분한 유예기간이 부여되었다고 평가할 수 있다. 이상을 종합하면 심판대상조항은 침해의 최소성을 충족한다. 환경영향평가업자는 환경영향평가사를 고용함에 따른 부담이 있을 수 있으나 그에 상응하는 전문적인 노동력을 얻을 수 있는 것이고, 고용의무를 불이행한다고 하여 곧바로 직업을 박탈당하는 수준의 불이익이 있다고 보이지 아니한다. 환경영향평가의 내실화를 통한 환경보전의 공익이 환경영향평가사 고용의무를 부담하는 데 따른 불이익보다 중대하므로, 심판대상조항은 법익의 균형성에 반하지 아니한다.

그러므로 심판대상조항은 과잉금지원칙에 반하여 청구인들의 직업의 자유를 침해하지 아니한다.

아동·청소년에 대한 위계에 의한 추행죄로 금고 이상의 형의 집행유예를 선고받은 경우 택시운전자격 필요적 취소 사건

2025.5.29. 2024헌바448

심판대상조항은 택시를 이용하는 국민을 성범죄 등으로부터 보호하고, 여객운송서비스 이용에 대한 불안감을 해소하며, 도로교통에 관한 공공의 안전을 확보하려는 조항으로서 그 입법목적이 정당하고, 아동·청소년에 대한 위계에 의한 추행죄를 범한 택시운수종사자의 운전자격을 필요적으로 취소하도록 하는 것으로 수단의 적합성이 인정된다.

일반 공중의 생활과 밀접한 관련을 가진 여객자동차운송사업의 특성상 준법의식이 부족한 사람이 그 운전업무에 종사하지 못하도록 해야 할 공익상 필요가 인정된다. 특히, 택시운송사업의 경우 운전자와 승객의 접촉빈도가 높고, 버스 등 다른 여객자동차 운송수단에 비해 공간이 좁고 승객의 수도 적어 접촉밀도도 높다. 또한, 목적지나 도착시간이 다양하고 심야에도 운행되므로, 승객이 위험에 노출될 확률이 버스와 같은 다른 대중교통수단에 비해 현저히 높다. 이러한 점들을 고려하면 택시운전자격에 대해서는 비교적 강한 규제를 할 필요가 있다.

심판대상조항에 규정된 범죄의 개별성과 특수성을 일일이 고려하여 해당 운전자의 준법의식 구비 여부를 개별적으로 판단하기 쉽지 않고, 법원이 범죄의 모든 정황을 고려한 다음 금고 이상의 형의 집행유예를 선택하였다면 이는 사회적 비난가능성이 결코 적지 않음을 뜻한다.

이러한 점 등을 종합하여 고려하면, 심판대상조항에 규정된 죄를 범하여 금고 이상의 형의 집행유예를 선고받은 경우 택시운전자격을 임의적으로 취소할 수 있도록 규정하는 것만으로는 입법목적을 달성하는 데 충분하다고 보기 어렵다. 따라서 심판대상조항은 침해의 최소성을 충족한다.

심판대상조항으로 택시운전자격이 취소되더라도 집행유예기간이 지나면 다시 자격을 취득할 수 있으므로 택시운수종사자가 받는 불이익은 제한적인 반면, 아동·청소년에 대한 위계에 의한 추행죄를 범하여 금고 이상의 형의 집행유예를 선고받은 사람을 택시운송사업의 운전업무에서 배제하여 국민을 범죄로부터 보호하고 일반 공중의 여객운송서비스 이용에 대한 불안감을 해소하며, 도로교통에 관한 공공의 안전을 확보한다는 공익은 매우 중요하다. 이러한 점을 고려할 때 심판대상조항은 법익의 균형성도 충족한다. 따라서 심판대상조항이 과잉금지원칙에 반하여 택시운수종사자의 직업선택의 자유를 침해한다고 볼 수 없다.

09 재판청구권

CASE 01
전자문서 등재사실을 통지한 날부터 1주 이내에 확인하지 아니하는 때에는 통지한 날부터 1주가 지난 날에 송달된 것으로 보는 '민사소송 등에서의 전자문서 이용 등에 관한 법률'

2024.7.18. 2022헌바4

전자송달 간주의 효과는 법원사무관 등이 송달할 전자문서를 전산정보처리시스템에 등재하고 그 사실을 통지한 즉시 발생하는 것이 아니라 통지한 날부터 1주가 지난 날에 발생한다. 전자적 송달이 이루어진 전자문서의 확인은 전자소송시스템에 접속하여 로그인하는 간편한 절차를 통해서 이루어진다는 점을 고려할 때, 전자송달 간주 조항에서 정하는 '1주'라는 기간이 지나치게 짧다고 보기 어려울 것이다. 심판대상조항은 입법자의 형성적 재량을 일탈한 것이라고 보기 어려우므로 재판청구권을 침해하지 않는다.

CASE 02
기피신청에 대한 결정이 확정되기 전에 기피신청을 당한 법관으로 하여금 소송절차를 정지하지 않고 종국판결을 선고할 수 있도록 하는 민사소송법 제48조

2024.8.29. 2021헌바146

사법자원은 한정되어 있기에, 기피신청과 같은 재판절차를 형성할 때에는 사법자원이 합리적으로 분배되도록 하는 것을 중요하게 고려할 수밖에 없고, 사법자원의 분배에 있어서는 재판의 적정과 신속이라는 상반되는 요청을 조화시킬 필요가 있다. 심판대상조항은 뒤늦게 제기되는 기피신청에 대해서는 재판절차의 정지 효과를 제한함으로써 분쟁 미해결 상태 장기화 등을 방지하여 재판의 공정과 신속을 도모하기 위한 것이므로, 사법자원 분배에 관한 입법형성권의 범위 내에 있다. 심판대상조항에 의하여 기피신청의 효과가 일부 제한되더라도 본안사건의 종국판결에 대한 불복 내지는 법관의 회피·제척제도와 같이, 공정한 재판을 받을 권리를 실효적으로 보장받기 위해 필요한 다른 절차들이 마련되어 있다. 따라서 심판대상조항은 청구인의 공정한 재판을 받을 권리를 침해하지 않는다.

CASE 03 매각허가결정에 대한 항고가 기각된 경우 공탁물회수청구권 제한

2025.1.23. 2021헌바100

1. 쟁점의 정리

매각허가결정에 대한 소유자의 항고가 기각되면 공탁한 항고보증금을 돌려 줄 것을 요구하지 못하므로, 청구인의 **재산권이라 할 수 있는 공탁물회수청구권이 제한된다**. 그러나 심판대상조항은 재산권 제한 그 자체를 목적으로 한다기보다는 항고권 행사를 남용하지 못하도록 하기 위하여 경제적인 부담을 가하는 것이다. 따라서 항고권 행사를 자유롭게 할 수 없다는 측면에서 심판대상조항과 가장 밀접하고 제한의 정도가 큰 주된 기본권은 재판청구권이라 할 것이므로, **재판청구권 침해 여부를 중심으로 판단하기로 한다**.

2. 매각허가결정에 대한 소유자의 항고가 기각되면 공탁한 항고보증금을 돌려 줄 것을 요구하지 못하도록 규정한 민사집행법 제130조 제6항 중 '소유자'에 관한 부분이 재판청구권을 침해하는지 여부(소극)

심판대상조항은 무익한 항고의 제기로 인한 경매절차의 지연을 방지하고 절차를 촉진시키기 위한 것으로서, 항고보증금의 액수가 과도하다고 보기 어렵고 일정한 경우 항고보증금을 반환받을 수도 있다. 또한, 내심의 목적은 항고사유의 내용만 가지고는 판별할 수 없기 때문에 일률적으로 항고보증금의 반환을 요구하지 못하도록 하는 것은 수긍할 수 있다. 그렇다면, 심판대상조항은 소유자인 항고인의 재판청구권을 침해하지 아니한다.

CASE 04 국민의 형사재판 참여에 관한 법률 제9조 제1항 제3호 위헌소원

2025.2.27. 2023헌바155

1. 성폭력범죄 피해자가 국민참여재판을 원하지 아니하는 경우 법원이 국민참여재판 배제결정을 할 수 있도록 규정한 '국민의 형사재판 참여에 관한 법률' 제9조 제1항 제3호가 평등원칙에 위배되는지 여부(소극)

성폭력범죄는 인간의 가장 본질적인 자기정체성을 침해하는 범죄로서 다른 범죄와는 달리 피해자에게 신체적 피해 외에도 심각한 정신적 피해를 남기고, 그 피해는 장기간 지속되며 회복이 어렵다. 성폭력범죄로 인한 피해는 그 피해자 개인에게 그치지 않고 함께 생활하는 가족 구성원 및 피해자와 밀접한 관계를 맺고 있는 주변 사람들에게까지 커다란 정신적인 고통과 상처를 준다. 다수의 배심원이 참여하는 국민참여재판으로 성폭력범죄에 대한 재판이 진행되는 경우, 재판 진행 과정에서 피해자의 신상이 공개될 가능성이 높고 피해자의 인격이나 명예가 손상되거나 사생활에 관한 비밀이 침해되며, 성적 수치심이나 공포감이 유발되는 등 추가적인 피해가 발생할 우려가 존재한다.

심판대상조항이 피해자 등의 의사를 고려하여 국민참여재판 배제결정을 할 수 있도록 규정한 것은 위와 같은 성폭력범죄 및 그에 관한 재판의 특수성을 고려한 것으로 합리적인 근거가 있다. 따라서 심판대상조항은 평등원칙에 위배되지 아니한다.

2. 성폭력범죄 피해자가 국민참여재판을 원하지 아니하는 경우 법원이 국민참여재판 배제결정을 할 수 있도록 규정한 '국민의 형사재판 참여에 관한 법률' 제9조 제1항 제3호가 적법절차원칙에 위배되는지 여부(소극)

국민참여재판법은, 법원이 국민참여재판 배제결정을 하기 전에 기간을 정하여 검사·피고인 또는 변호인에게 배제결정에 대한 의견을 제출하도록 통지하여 그 의견을 듣도록 하고 있고, 국민참여재판 배제결정은 법관의 재판으로 이루어지며, 피고인은 그 결정에 대하여 즉시항고할 수 있도록 규정함으로써 국민참여재판 배제결정과 관련하여 피고인에 대하여 적절한 고지와 의견제출의 기회를 부여하고 있다. 따라서 심판대상조항은 절차와 내용에 있어 합리성과 정당성을 갖추었다고 할 것이므로 적법절차원칙에 위배되지 아니한다.

10 국가배상청구권

CASE 01 순직한 군인의 유족이 다른 법령에 따라 보상을 지급받을 수 있을 때에는 국가에 대하여 손해배상을 청구할 수 없도록 규정한 국가배상법 제2조 제1항 단서
2024.8.29. 2021헌바86, 2023헌바330

헌법 제29조 제2항이 군인 등의 국가배상청구권을 제한하는 취지는 군인 등에 대한 이중배상을 금지하여 국가의 재정적 부담을 줄이고자 한 것으로, 헌법 제29조 제2항의 '기타 법률이 정하는 자', 즉 법률에 의해 국가배상청구권이 제한되는 자의 범위는 군인 등과 같이 그 성질상 고도의 위험성을 내포하는 공공적 성격의 직무를 수행하는 자로 제한되어야 한다. 한편, 군인 등의 유족에 대하여도 다양한 사회보장적 보상제도가 마련되어 있는 점, 유족이 법률에 의한 보상을 받을 권리 외에 국가배상청구권까지 행사할 수 있다고 본다면 국가는 사회보장적 보상뿐만 아니라 손해배상 책임까지 부담할 수 있어 이중배상의 문제가 발생하는 점, 헌법 제29조 제2항의 입법취지 등을 고려하면, 유족의 국가배상청구권도 헌법 제29조 제2항에 의하여 제한되고, 헌법 제29조 제2항은 군인 등이나 그 유족이 실제로 보상을 지급받을 수 있는 권리가 발생한 이상 그 권리 행사 여부에 관계없이 적용된다고 보아야 한다. 따라서 심판대상조항은 **헌법 제29조 제2항에 직접 근거하고, 실질적으로 같은 내용을 규정한 것이므로** 헌법 제29조 제2항의 위임범위를 일탈하였다고 볼 수 없다.

11 공무담임권

CASE 01 과거 3년 이내의 당원 경력을 법관 임용 결격사유로 정한 법원조직법

2024.7.18. 2021헌마460

1. 이 사건의 쟁점

헌법 제25조는 공무담임권을 보장하며, 이는 피선거권과 공직취임권을 포함한다. 심판대상조항은 과거 3년 이내 당원 경력이 있는 자를 법관으로 임용할 수 없도록 하여, 과잉금지원칙에 반해 청구인의 공무담임권을 침해하는지 여부가 쟁점이다.

2. 과잉금지원칙에 반하여 공무담임권을 침해하는지 여부

(1) 목적의 정당성

심판대상조항은 법관의 정치적 중립성을 보장하고 재판의 독립을 보호하며, 국민의 공정한 재판을 받을 권리를 보장하려는 목적을 가지므로 목적의 정당성이 인정된다.

(2) 수단의 적합성

심판대상조항은 당원 경력을 기준으로 법관 임용을 제한하여 재판의 독립성과 정치적 중립성 확보를 도모한다. 이는 상당한 억지효과를 가지므로 수단의 적합성이 인정된다.

(3) 침해의 최소성

직업공무원으로서 능력주의와 기회균등을 바탕으로 공직취임권이 보장되어야 하며, 과거 당원 경력만으로 이를 제한하는 것은 공무담임권을 지나치게 침해한다.

현행법상 공무담임권을 지나치게 제한하지 않으면서 법관(대법원장·대법관·판사)이 정치적 중립성을 준수하고 재판의 독립을 지킬 수 있도록 하는 제도적 장치는 이미 존재한다. 즉, 법관의 정당가입 및 정치운동 관여 금지, 임기 보장, 탄핵제도, 제척·기피·회피제도, 심급제 등을 통해 법관의 정치적 중립과 재판의 독립을 제도적으로 보장하고, 재판의 객관성과 공정성이 유지되도록 하고 있다. 특히 대법원장과 대법관은 국회에서 인사청문 절차를 거치므로, 판사보다 더 엄격한 수준에서 정치적 중립성에 대한 검증이 이루어지고 있다. 가사 과거에 당원 신분을 취득한 경력을 규제할 필요성이 있더라도, 적극적으로 정치적 활동을 하였던 경우에 한하여 법관 임용을 제한할 수 있고, 이에 법원조직법은 관련 규정을 별도로 두고 있다.

과거 당원 경력이 재판의 독립을 침해한다는 논리적 근거가 부족하고, 이는 헌법이 보장하는 정당가입의 자유를 과도하게 제한하는 결과를 초래한다. 따라서 침해의 최소성이 인정되지 않는다.

(4) 법익의 균형성

심판대상조항은 정치적 중립성과 재판의 독립을 도모하지만, 단순 당원 경력으로 공무담임권을 광범위하게 제한하여 국민의 정당가입의 자유를 위축시킨다. 이에 따라 사익 침해가 중대하며, 법익의 균형성을 충족하지 못한다.

(5) 소결

심판대상조항은 과잉금지원칙에 반하여 청구인의 공무담임권을 침해한다.

재판관 이은애, 재판관 이영진의 일부위헌의견 – 대법원장·대법관이 아닌 판사에 관한 부분에 한해 위헌

*법정의견은 아님

공정한 재판은 사법에 대한 국민의 신뢰에서 출발하므로, 입법자로서는 그 독립성과 중립성에 영향을 미칠 것으로 추단되는 경우에 일정 범위를 정하여 법률로 법관의 자격을 제한할 수 있다. 다만, 심판대상조항의 적용을 받는 법관에는 대법원장·대법관·판사가 모두 포함되는데, 대법원장·대법관과 달리 판사의 경우에는 그 임명 과정에 정치적 관여가 없고, 가사 판사가 과거 당원 경력으로 개별사건의 판결에 불공정한 영향을 미치더라도 이는 심급제도를 통해 상급심 재판으로 해소될 수 있다. 그러므로 사법에 대한 국민의 신뢰를 회복하기 위해 과거 당원 경력을 법관 임용 결격사유로 정할 필요성이 있더라도, 대법원장·대법관이 아닌 판사의 경우까지 그 결격사유의 적용대상에 포함시키는 것은 입법목적 달성을 위한 필요최소한의 제한이라 보기 어렵다. 따라서 심판대상조항 중 '판사에 관한 부분'은 과잉금지원칙에 반하여 청구인의 공무담임권을 침해한다.

12 환경권

CASE 01 저탄소 녹색성장 기본법 제42조 제1항 제1호 위헌확인 등

2024.8.29. 2020헌마389

[주문]

1. 기후위기 대응을 위한 탄소중립·녹색성장 기본법(2021.9.24. 법률 제18469호로 제정된 것) 제8조 제1항은 헌법에 합치되지 아니한다. 위 법률조항은 2026.2.28.을 시한으로 개정될 때까지 계속 적용된다.
2. 기후위기 대응을 위한 탄소중립·녹색성장 기본법 시행령(2022.3.25. 대통령령 제32557호로 제정된 것) 제3조 제1항, 정부가 2023.4.11. 수립한 제1차 국가 탄소중립 녹색성장 기본계획 중 'Ⅴ. 중장기 감축 목표' 가운데 '나. 부문별 감축목표' 부분 및 '다. 연도별 감축목표' 부분에 대한 심판청구를 모두 기각한다.
3. 청구인들의 나머지 심판청구와 공동심판참가인의 공동심판참가 및 보조참가 신청을 모두 각하한다.

[심판대상조항]

구 저탄소 녹색성장 기본법(2010.1.13. 법률 제9931호로 제정되고, 2021.9.24. 법률 제18469호로 폐지되기 전의 것)

제42조【기후변화대응 및 에너지의 목표관리】① 정부는 범지구적인 온실가스 감축에 적극 대응하고 저탄소 녹색성장을 효율적·체계적으로 추진하기 위하여 다음 각 호의 사항에 대한 중장기 및 단계별 목표를 설정하고 그 달성을 위하여 필요한 조치를 강구하여야 한다.
  1. 온실가스 감축 목표

저탄소 녹색성장 기본법 시행령(2016.5.24. 대통령령 제27180호로 개정되고, 2019.12.31. 대통령령 제30303호로 개정되기 전의 것)

제25조【온실가스 감축 국가목표 설정·관리】① 법 제42조 제1항 제1호에 따른 온실가스 감축 목표는 2030년의 국가 온실가스 총배출량을 2030년의 온실가스 배출 전망치 대비 100분의 37까지 감축하는 것으로 한다.

구 저탄소 녹색성장 기본법 시행령(2019.12.31. 대통령령 제30303호로 개정되고, 2022.3.25. 대통령령 제32557호로 폐지되기 전의 것)

제25조【온실가스 감축 국가목표 설정·관리】① 법 제42조 제1항 제1호에 따른 온실가스 감축 목표는 2030년의 국가 온실가스 총배출량을 2017년의 온실가스 총배출량의 1000분의 244만큼 감축하는 것으로 한다.

기후위기 대응을 위한 탄소중립·녹색성장 기본법(2021.9.24. 법률 제18469호로 제정된 것)

제8조【중장기 국가 온실가스 감축 목표 등】① 정부는 국가 온실가스 배출량을 2030년까지 2018년의 국가 온실가스 배출량 대비 35퍼센트 이상의 범위에서 대통령령으로 정하는 비율만큼 감축하는 것을 중장기 국가 온실가스 감축 목표(이하 "중장기감축목표"라 한다)로 한다.

기후위기 대응을 위한 탄소중립·녹색성장 기본법 시행령(2022.3.25. 대통령령 제32557호로 제정된 것)

제3조【중장기 국가 온실가스 감축 목표 등】① 법 제8조 제1항에서 "대통령령으로 정하는 비율"이란 40퍼센트를 말한다.

1. 폐지된 구 '저탄소 녹색성장 기본법'(이하 '구 녹색성장법'이라 한다) 제42조 제1항 제1호와 같은 법 시행령 제25조 제1항에 대한 심판청구의 주관적 권리보호이익 소멸 여부 및 헌법적 해명의 필요성 인정 여부(소극)

   구 녹색성장법 제42조 제1항 제1호와 같은 법 시행령 제25조 제1항(2016.5.24. 개정된 조항 및 2019.12.31. 개정된 조항)이 규정한 '온실가스 감축 목표'는 탄소중립기본법 제8조 제1항 및 같은 법 시행령 제3조 제1항이 2022.3.25. 각각 시행됨으로써 폐지되었고, 국가의 중장기 온실가스 감축목표가 변경되어 다시 설정되었으므로, 더 이상 청구인들을 비롯한 국민에게 적용될 여지가 없게 되었으며, 이로써 감축 기준이 상향되고, 그 형식과 관련된 조항들의 체계도 변경되었다. 따라서 이 사건 심판청구 중 위 조항들에 대한 부분은 주관적 권리보호이익이 소멸하였고, 헌법적 해명의 필요성도 인정되지 않는다.

2. 정부가 2023.4.11. 수립한 '제1차 국가 탄소중립 녹색성장 기본계획'(이하 '이 사건 기본계획'이라 한다) 중 'Ⅷ. 재정계획 및 기대효과' 가운데 '1. 재정투자 계획' 부분(이하 '이 사건 재정계획'이라 한다)이 공권력행사로서 헌법소원심판의 대상이 되는지 여부(소극)

   이 사건 재정계획은 정부가 편성하고 국회가 의결하는 규범인 예산에 관한 중장기적인 계획을 정한 것일 뿐, 국민의 기본권에 직접적 영향을 미치는 공권력행사라고 보기 어려우므로, 헌법소원심판의 대상이 되지 않는다.

3. 국가의 온실가스 감축목표 설정 행위가 국민의 환경권에 관한 보호의무를 위반하였는지 여부에 관한 심사기준

   국가가 국민의 건강하고 쾌적한 환경에서 생활할 권리에 관한 보호의무를 다하지 않았는지를 헌법재판소가 심사할 때에는 '과소보호금지원칙'의 위반 여부를 기준으로 삼아, 개별 사례에서 기본권침해가 예상되어 보호가 필요한 '위험상황'에 대응하는 '보호조치'의 내용이, 문제 되는 위험상황의 성격에 상응하는 보호조치로서 필요한 최소한의 성격을 갖고 있는지에 따라 판단하는데, 위험상황의 성격 등은 '과학적 사실'과 '국제기준'에 근거하여 객관적으로 검토되어야 한다.
   탄소중립기본법 제8조 제1항 및 같은 법 시행령 제3조 제1항이 설정한 중장기 감축목표와 이 사건 부문별 및 연도별 감축목표가 과소보호금지원칙을 위반하였는지 여부는 기후위기라는 위험상황의 성격에 상응하는 보호조치로서 필요한 최소한의 성격을 갖추었는지를 기준으로 판단하며, 온실가스 감축의 구체적인 목표치가 전 지구적인 감축 노력의 관점에서 우리나라가 기여해야 할 몫에 부합하는지, 감축목표 설정의 체계가 기후변화의 영향과 온실가스 배출 제한의 측면에서 미래에 과중한 부담을 이전하지 않는 방식으로, 또한 온실가스 감축이 실효적으로 담보될 수 있는 방식으로 제도화되어 있는지 등을 과학적 사실과 국제기준을 고려하여 판단하여야 한다.
   한편, 탄소중립기본법 제8조 제1항이 의회유보원칙을 포함하는 법률유보원칙을 위반하였는지 여부는 그 규율 대상인 온실가스 감축목표의 설정 방식이 기후위기에 대한 보호조치로서 갖추어야 하는 성격을 고려하여 판단하여야 한다.

4. 정부가 '국가 온실가스 배출량을 2030년까지 2018년의 국가 온실가스 배출량 대비 35퍼센트 이상의 범위에서 대통령령으로 정하는 비율만큼 감축하는 것'을 '중장기 국가 온실가스 감축 목표'로 하도록 규정한 '기후위기 대응을 위한 탄소중립·녹색성장 기본법' 제8조 제1항이 국민인 청구인들의 환경권을 침해하는지 여부(적극)

   탄소중립기본법 제8조 제1항과 같은 법 시행령 제3조 제1항이 설정한 2030년까지의 중장기 감축목표로서 국가 온실가스 배출량을 2018년 대비 40%만큼 감축한다는 감축비율의 수치만으로는, 전 지구적 온실가스 감축 노력의 관점에서 우리나라가 기여해야 할 몫에 현저히 미치지 못한다거나, 기후변화의 영향과 온실가스 배출 제한의 측면에서 미래에 과중한 부담

을 이전하는 것이라고 단정하기 어렵다. 연도별 감축목표의 이행현황 점검이나 배출권거래제 등 배출량 목표 달성을 보장하기 위한 수단들과 관련하여, 매년 정량적 감축목표가 달성되지 않은 경우 추후의 감축목표에 미달성 부분을 추가하는 규율이 법률에 명시되어 있지 않다는 이유로, 탄소중립기본법 제8조 제1항의 온실가스 감축목표 설정 방식이 온실가스 감축을 실효적으로 담보할 수 있도록 설계되지 않은 것으로 볼 수도 없다.

그러나 탄소중립기본법 제8조 제1항에서 **2031년부터 2049년까지의 감축목표에 관하여 어떤 형태의 정량적 기준도 제시하지 않은 것은**, 같은 조 제4항의 온실가스 감축목표 재설정 주기나 범위 등 관련 법령의 체계를 살펴보더라도 2050년 탄소중립의 목표 시점에 이르기까지 점진적이고 지속적인 감축을 실효적으로 담보할 수 없으므로, 미래에 과중한 부담을 이전하는 방식으로 온실가스 감축목표를 규율한 것이다. 구체적인 감축목표를 정할 때 단기적일 수도 있는 정부의 상황 인식에만 의존하는 구조로는 온실가스 감축정책의 적극성 및 일관성을 담보하기 어렵다.

따라서 탄소중립기본법 제8조 제1항은 2031년부터 2049년까지의 감축목표에 대한 규율에 관하여 기후위기라는 위험상황에 상응하는 보호조치로서 필요한 최소한의 성격을 갖추지 못하였으므로 **과소보호금지원칙을 위반하였다**.

한편, 탄소중립기본법 제8조 제1항에서 2030년까지의 감축목표에 대하여 **2030년을 목표연도로 한 2018년 대비 감축비율의 하한만 법률에서 정하였을 뿐, 구체적인 감축비율의 수치는 대통령령에 위임하고** 감축의 경로는 정부가 설정하는 부문별 및 연도별 감축목표에 따르도록 한 것은 법률유보원칙을 위반한 것으로 볼 수 없다. 그러나 중장기적인 온실가스 감축목표와 감축경로를 계획할 때에는 매우 높은 수준의 사회적 합의가 필요하다는 점, 미래세대는 민주적 정치과정에 참여하는 것이 제약되어 있다는 점과 관련하여 입법자에게 더욱 구체적인 입법의무와 책임이 있음을 고려할 때, **2031년부터 2049년까지의 감축목표에 관하여 대강의 정량적 수준도 규정하지 않고 이에 관해 정부가 5년마다 정하도록 한 것은 의회유보원칙을 포함하는 법률유보원칙을 위반한 것이다**.

결국 탄소중립기본법 제8조 제1항은 과소보호금지원칙 및 법률유보원칙에 반하여 기본권 보호의무를 위반하였으므로 청구인들의 환경권을 침해한다.

5. 탄소중립기본법 제8조 제1항에 대한 헌법불합치 결정의 필요성

탄소중립기본법 제8조 제1항의 규범영역 전부에 대한 효력을 상실시킬 경우, 2050년의 탄소중립 목표 시점 이전에 존재하는 정량적인 중간 목표가 사라지므로, 오히려 온실가스 감축에 관한 제도적 장치가 후퇴하는 더욱 위험적인 상황이 발생하게 되며, 2031년부터 2049년까지의 정량적인 온실가스 감축목표의 수준을 어떻게 정할지 등에 관해서는 입법자에게 광범위한 입법형성의 권한이 있다. 따라서 탄소중립기본법 제8조 제1항에 대해서는, 2026. 2. 28.을 시한으로 개선입법이 있을 때까지 계속 적용을 명하는 헌법불합치결정을 한다.

6. 탄소중립기본법 제8조 제1항의 '대통령령으로 정하는 비율'을 40퍼센트로 규정한 같은 법 시행령 제3조 제1항이 청구인들의 환경권 등 기본권을 침해하는지 여부(소극)

탄소중립기본법 시행령 제3조 제1항은 같은 법 제8조 제1항의 위임을 받아 2030년 중장기 감축목표의 구체적인 비율의 수치를 정한 것일 뿐이므로, 과소보호금지원칙에 반하여 기본권 보호의무를 위반하였다고 볼 수 없어 청구인들의 환경권 등 기본권을 침해하지 않는다.

7. 이 사건 기본계획 중 'V. 중장기 감축 목표' 가운데 '나. 부문별 감축목표' 부분 및 '다. 연도별 감축목표' 부분(이하 '이 사건 부문별 및 연도별 감축목표'라 한다)이 과소보호금지원칙 또는 법률우위원칙을 위반하였는지 여부 (소극)

재판관 이종석, 재판관 이은애, 재판관 이영진, 재판관 김형두의 기각의견

(1) 이 사건 부문별 및 연도별 감축목표는 감축경로 및 감축수단에 관한 계획을 수립하는 관점에서는, 미래에 과중한 부담을 이전한 것이라거나 탄소중립기본법 제8조 제1항 및 같은 법 시행령 제3조 제1항이 설정한 중장기 감축목표를 달성할 수 없도록 설계되었다고 단정할 수 없고, 기후위기라는 위험상황에 상응하는 보호조치로서 필요한 최소한의 성격을 갖추지 못하였다고 보기 어려우므로, 과소보호금지원칙을 위반하였다고 할 수 없다.

(2) 탄소중립기본법 제8조 제1항은 '배출량'이라는 용어를 사용하고 있을 뿐이고, 탄소중립기본법 및 같은 법 시행령에서 사용되는 '배출량'의 의미를 정의하거나 그 산정 방식을 구체화한 규정은 없다. 우리나라는 탄소중립기본법 제정으로 폐지된 구 녹색성장법 등에서 2030년의 국가 온실가스 감축목표를 설정하고 그 이행을 위한 노력을 지속적으로 해왔으므로, 구법에서 정한 '기준연도의 총배출량 기준'을 새로운 법에서도 유지할 필요가 있다. 2050년 탄소중립을 달성하기 위한 중간목표인 2030년의 '배출량'은 그에 상응하여 '순배출량'으로 해석하는 것이 타당한 것으로 보이나, 2018년은 이미 지나간 시점으로서 비교 대상으로서의 의미만 가지므로, 이를 반드시 '순배출량'으로 새겨야 할 당위는 없다.

우리나라가 국가결정기여에 2018년도 기준 온실가스 배출량에 관해 흡수원 부문을 제외하였음을 명시한 이상, 2018년의 '배출량(합계)' 부분에 '흡수 및 제거' 부분을 반영하지 않은 '총배출량'만을 기재한 것이 파리협정이 추구하는 '투명성'에 반한다고 볼 수 없고, 탄소중립기본법 제8조 제1항 및 같은 법 시행령 제3조 제1항이 정한 40퍼센트라는 수치는 탄소중립으로 나아가는 중간 단계로, 향후 수립될 행정계획을 종합하여 2050년까지 탄소중립을 달성할 가능성이 열려 있으므로 설령, 이 사건 부문별 및 연도별 감축목표의 '배출량(합계)'을 '순배출량'으로 통일하는 경우 40퍼센트에 다소 못 미치는 감축목표가 설정된다고 하더라도 국가가 환경권의 보호를 위한 '최소한의 보호조치도 다 하지 않았다'고 판단하기는 어렵다. 따라서 이 사건 부문별 및 연도별 감축목표는 배출량 목표치 산정방식에 관하여 상위 법령에 위반되지 않으며, 과소보호금지원칙에도 반하지 않는다.

재판관 김기영, 재판관 문형배, 재판관 이미선, 재판관 정정미, 재판관 정형식의 위헌의견 *법정의견 아님

탄소중립기본법 제8조 제1항은 하나의 조항에서 '국가 온실가스 배출량'이라는 동일한 용어를 2018년도와 2030년도에 관하여 두 번 사용하면서 다른 설명은 붙이지 않았으므로, 이에 따르면 양자의 '배출량' 기준을 달리 할 수 없고, 감축의 비율을 정한 계산식의 측면에서도 입력 값과 산출 값의 기준이 다를 수 없다.

탄소중립기본법의 체계와 입법목적 등에 비추어 보면, 정부가 부문별 및 연도별 감축목표를 설정할 때, 기준연도와 목표연도의 '국가 온실가스 배출량' 수치 모두 '순배출량'을 기준으로 산정하는 것이 합리적으로 보이고, 기준점과 목표점의 수치 산정 기준을 달리하면 과학적·정책적으로 합리적인 감축경로가 관리되지 않는다. 만약 기준연도에는 흡수량을 반영하지 않고 목표연도에만 반영한다면, '국가 온실가스 배출량' 감축에 관한 왜곡이 발생하게 되는데, 이는 파리협정이 추구하는 '투명성'에 반하고, 다른 부문의 실질적인 감축 노력을 강화하는 데에도 장애가 된다.

이 사건 부문별 및 연도별 감축목표에서 설정한 2030년의 국가 온실가스 배출량 목표치는, 탄소중립기본법 제8조 제1항의 '국가 온실가스 배출량'을 모두 '순배출량'으로 해석하거나(2018년 대비 36.4%), '총배출량'으로 해석하거나(2018년 대비 29.6%), 법령이 설정한 40%의 감축비율에 미치지 못하고, 기후위기에 대한 완화 조치를 규율하는 법적인 제도로서의 실효성을 확보하지 못하였다.

이 사건 부문별 및 연도별 감축목표에서 정부가 채택한 '기준연도 총배출량-목표연도 순배출량'의 배출량 목표치 산정 방식은, 탄소중립기본법 제8조 제1항에서 입법자가 온실가스 감축목표를 정량화한 체계를 자의적으로 변경하여 기후위기를 완화하는 보호조치의 수준을 낮추는 것이므로, 이와 같은 정부의 법률해석은 받아들일 수 없다.

따라서 이 사건 부문별 및 연도별 감축목표는, 배출량 목표치 산정 방식의 관점에서 과소보호금지원칙을 위반하였거나, 또는 법치행정의 법률우위원칙을 위반하였다. 다만 그 효력을 바로 상실시킬 경우, 온실가스 감축에 관한 제도적 장치가 후퇴하는 더욱 위헌적인 상황이 발생하게 되므로, 청구인들의 환경권을 침해하여 위헌임을 확인하는 결정을 선고해야 할 것이다.

8. 이 사건 부문별 및 연도별 감축목표에 대한 심판청구에 관하여는, 재판관 4인이 기각의견이고, 재판관 5인이 위헌의견으로, 위헌이라는 의견이 다수이지만, 헌법 제113조 제1항, 헌법재판소법 제23조 제2항 단서 제1호에서 정한 헌법소원에 관한 인용결정에 필요한 심판정족수에 이르지 못하였으므로 기각결정을 선고한다.

2025 최신판

해커스경찰
황남기
경찰헌법

4개년 핵심+최신 판례집 **2025 상반기**

초판 1쇄 발행 2025년 6월 26일

지은이	황남기 편저
펴낸곳	해커스패스
펴낸이	해커스경찰 출판팀
주소	서울특별시 강남구 강남대로 428 해커스경찰
고객센터	1588-4055
교재 관련 문의	gosi@hackerspass.com
	해커스경찰 사이트(police.Hackers.com) 교재 Q&A 게시판
	카카오톡 플러스 친구 [해커스경찰]
학원 강의 및 동영상강의	police.Hackers.com
ISBN	979-11-7404-240-8 (13360)
Serial Number	01-01-01

저작권자 ⓒ 2025, 황남기
이 책의 모든 내용, 이미지, 디자인, 편집 형태는 저작권법에 의해 보호받고 있습니다.
서면에 의한 저자와 출판사의 허락 없이 내용의 일부 혹은 전부를 인용, 발췌하거나 복제, 배포할 수 없습니다.

경찰공무원 1위,
해커스경찰 police.Hackers.com

해커스 경찰

· 정확한 성적 분석으로 약점 극복이 가능한 **경찰 합격예측 온라인 모의고사**(교재 내 응시권 및 해설강의 수강권 수록)
· 해커스 스타강사의 **경찰헌법 무료 특강**
· **해커스경찰 학원 및 인강**(교재 내 인강 할인쿠폰 수록)

한경비즈니스 2024 한국품질만족도 교육(온·오프라인 경찰학원) 부문 1위